Die Ich-bin-Worte

Jesus über sich selbst

Der Verlag weist darauf hin, dass jede Form der Vervielfältigung dieses Materials, auch in kleinen Mengen, nicht erlaubt ist.

Zusammenstellung: Frank Grundmüller
Lektorat: Renate Hübsch

8. Auflage 2025

Umschlagmotiv: shutterstock
Umschlaggestaltung: Jonathan Maul
Satz: Uhl+Massopust, Aalen
Druck: Arkadruk
ISBN 978-3-7655-0825-7

www.brunnen-verlag.de

Inhalt

Verzeichnis der Abkürzungen

Altes Testament

1 Mo	Das erste Buch Mose
2 Mo	Das zweite Buch Mose
3 Mo	Das dritte Buch Mose
4 Mo	Das vierte Buch Mose
5 Mo	Das fünfte Buch Mose
Jos	Das Buch Josua
Ri	Das Buch über die Richter
Ruth	Das Buch Ruth
1 Sam	Das erste Buch Samuel
2 Sam	Das zweite Buch Samuel
1 Kön	Das erste Buch über die Könige
2 Kön	Das zweite Buch über die Könige
1 Chr	Das erste Buch der Chronik
2 Chr	Das zweite Buch der Chronik
Esra	Das Buch Esra
Neh	Das Buch Nehemia
Est	Das Buch Esther
Hiob	Das Buch Hiob
Ps	Die Psalmen
Spr	Die Sammlung der Sprüche
Pred	Der Prediger Salomo
Hld	Das Hohelied
Jes	Der Prophet Jesaja
Jer	Der Prophet Jeremia
Hes	Der Prophet Hesekiel
Dan	Der Prophet Daniel
Hos	Der Prophet Hosea
Joel	Der Prophet Joel
Am	Der Prophet Amos
Ob	Der Prophet Obadja
Jona	Der Prophet Jona
Mi	Der Prophet Micha
Nah	Der Prophet Nahum
Hab	Der Prophet Habakuk
Zef	Der Prophet Zefanja
Hag	Der Prophet Haggai
Sach	Der Prophet Sacharja
Mal	Der Prophet Maleachi

Neues Testament

Mt	Das Evangelium nach Matthäus
Mk	Das Evangelium nach Markus
Lk	Das Evangelium nach Lukas
Joh	Das Evangelium nach Johannes
Apg	Die Apostelgeschichte
Röm	Der Brief des Paulus an die Christen in Rom
1 Kor	Der erste Brief des Paulus an die Christen in Korinth
2 Kor	Der zweite Brief des Paulus an die Christen in Korinth
Gal	Der Brief des Paulus an die Christen in Galatien
Eph	Der Brief des Paulus an die Christen in Ephesus
Phil	Der Brief des Paulus an die Christen in Philippi
Kol	Der Brief des Paulus an die Christen in Kolossä
1 Thess	Der erste Brief des Paulus an die Christen in Thessalonich
2 Thess	Der zweite Brief des Paulus an die Christen in Thessalonich
1 Tim	Der erste Brief des Paulus an Timotheus
2 Tim	Der zweite Brief des Paulus an Timotheus
Tit	Der Brief des Paulus an Titus
Phlm	Der Brief des Paulus an Philemon
Hebr	Der Brief an die Hebräer
Jak	Der Brief des Jakobus
1 Petr	Der erste Brief des Petrus
2 Petr	Der zweite Brief des Petrus
1 Joh	Der erste Brief des Johannes
2 Joh	Der zweite Brief des Johannes
3 Joh	Der dritte Brief des Johannes
Jud	Der Brief des Judas
Offb	Die Offenbarung an Johannes

Fragen zu diesem Kurs

Zielsetzung

1. Worum geht es in diesem Kurs? Um drei Ziele, die alle gleich wichtig sind.

a. Nahrung für die Seele. – „Der Mensch lebt nicht vom Brot allein, sondern von dem Wort, das Gott spricht." In seinem Wort stellt Gott sich uns vor. Hier können wir ihn kennenlernen. Wer mehr über Gott und den christlichen Glauben erfahren will, muss sich mit der Bibel beschäftigen. Wer als Christ im Glauben wachsen will, muss sich aus dem Wort Gottes „ernähren".

b. Gemeinschaft. – Im Gespräch über Glaubensfragen und Lebenserfahrungen kommen wir einander näher und können zu einer Gemeinschaft zusammenwachsen, in der man sich im Alltag und im Glauben gegenseitig trägt und unterstützt.

c. Wachstum. – Dieser Kurs wendet sich auch an Menschen, die bisher mit dem christlichen Glauben noch wenig in Berührung gekommen sind. Wenn Sie immer wieder andere zu Ihren Treffen einladen, kann die Gruppe wachsen, bis eine Teilung nötig wird. Beide neuen Kreise sollen ebenso wachsen, bis sie zu groß sind und sich teilen – und so weiter.

Teilnehmer

2. Für wen soll dieser Gesprächskreis sein?

- Für Menschen, die Fragen an das Leben haben und wissen möchten, ob der christliche Glaube ihnen weiterhelfen kann.
- Für Menschen, die sich – neu oder wieder – intensiver mit dem christlichen Glauben beschäftigen wollen.
- Für Menschen, denen Kirche und Glauben fremd geworden sind, die aber nach einem neuen Zugang zum Glauben suchen.
- Für Menschen, die mit Schwierigkeiten und Problemen zu kämpfen haben und eine Gruppe suchen, die Unterstützung und Zusammenhalt bieten kann.
- Für Christen, die die Bibel besser kennenlernen und tiefer verstehen wollen.
- Für Menschen, die im Gespräch über Glaubensfragen und im Gebet füreinander in ihrem Glauben wachsen möchten.

Der erste Schritt

3. Wie sollen wir anfangen? Machen Sie sich eine Liste mit den Namen, die Ihnen jetzt als mögliche Teilnehmer einfallen. Hängen Sie die Liste an einen Platz, an dem Ihr Blick immer wieder einmal darauf fällt. Lassen Sie sie dort, bis Sie alle, die Sie auf Ihrer Liste notiert haben, gefragt haben, ob sie Interesse an einem solchen Gesprächskreis haben.

Das erste Treffen

4. Was geschieht beim ersten Treffen? Sie lernen einander als neue Gruppe kennen bzw. begrüßen neue Mitglieder, wenn Ihre Gruppe schon länger besteht. Sie sprechen über Ihre Erwartungen an diesen Kurs und vereinbaren „Spielregeln", die in der Gruppe gelten sollen.

Spielregeln

5. Wie entsteht die Vereinbarung über die Spielregeln? Sprechen Sie über die nachfolgenden Fragen, und notieren Sie die Punkte, bei denen Sie Einigung erzielen. So können Sie am Ende des Kurses gut beurteilen, ob Sie Ihre Ziele erreicht haben.

- Was ist der Zweck Ihrer Treffen?
- Wie oft wollen Sie sich treffen? (Dieser Kurs bietet Ihnen Gesprächsanregungen für 7 Treffen. Wenn Sie sich danach weiterhin treffen wollen, verlängern Sie einfach Ihre Abmachung.)
- Wo wollen Sie sich treffen?
- Um welche Uhrzeit sollen die Treffen beginnen und wie lange sollen sie dauern?
- Welchen Rahmen wollen Sie Ihren Treffen geben? Soll es Getränke und etwas zum Knabbern geben? Wer ist dafür zuständig?

Hilfreich ist es, wenn Sie außerdem **Regeln für das Gespräch in der Gruppe** vereinbaren. Dazu könnten folgende Vereinbarungen gehören:

- Was in diesem Kreis gesagt wird, ist vertraulich und wird nicht nach außen getragen.
- Wir reden nicht übereinander, sondern miteinander.
- Gesprächsbeiträge werden nicht bewertet; jeder Teilnehmer wird mit seiner Meinung ernst genommen.
- Es gibt keine „unmöglichen“ Positionen. Wenn es Meinungsunterschiede gibt, begründet jeder seine eigene Sicht.

- ______________________________
- ______________________________
- ______________________________
- ______________________________

Sie können ergänzen, was Ihnen sonst noch für Ihre Gruppe wichtig zu sein scheint.

Zeitlicher Rahmen

6. Wie lange dauert ein Treffen? Die Mindestzeitangaben für die einzelnen Bausteine des Treffens sind für Gruppen gedacht, die nur eine Stunde zusammen sein können. Wenn Sie mehr Zeit zur Verfügung haben, verlängern Sie die angegebenen Zeiten einfach entsprechend.

7. Warum verabreden Sie sich zunächst nur für eine bestimmte Anzahl von Treffen? Weil es leichter ist, sich für einen überschaubaren Zeitraum für eine Sache zu entscheiden und sie wirklich durchzuhalten, als eine Verpflichtung auf unbestimmte Zeit einzugehen. Wenn Sie nach Abschluss des Kurses weiter als Gruppe zusammenbleiben wollen – umso besser.

Gesprächsinhalt

8. Was wird bei den Treffen besprochen? Dieses Bibelstudienheft befasst sich mit den sieben zentralen Aussagen, in denen Jesus im Johannesevangelium sich selbst charakterisiert – den sog. „Ich-bin-Worten“. In eindrücklichen Bildern (Weg, Brot, Licht, Hirte, Tür, Weinstock u.a.) gibt Jesus sich als der von Gott gesandte Offenbarer und Heilsbringer zu erkennen, der sich in eine Linie stellt mit dem Gott des Ersten Testaments: dem Gott, der sich Mose am brennenden Dornbusch vorstellt als der „Ich bin“.
Das Inhaltsverzeichnis auf Seite 3 bietet eine Übersicht über die Texte und Themen.

Bibelkenntnis

9. Und wenn jemand in der Gruppe wenig von der Bibel weiß? Prima! Dafür ist die Gruppe ja da. Die ERLÄUTERUNGEN geben

Ihnen Hinweise zum Verständnis größerer Zusammenhänge, einzelner Ausdrücke, geschichtlicher Hintergründe oder wichtiger Personen im Text. Greifen Sie immer dann auf die Erläuterungen zurück, wenn der Sinn des Textes sich nicht von selbst erschließt.

Bibel dabeihaben. Die Texte, auf die sich dieses Heft bezieht, sind in den einzelnen Einheiten abgedruckt. Weil aber auch immer wieder einmal auf weitere biblische Zusammenhänge verwiesen wird, ist es gut, wenn die Teilnehmer auch eine Vollbibel dabeihaben, um entsprechende Stellen nachschlagen zu können.

„Hausaufgaben"

10. Was muss ich sonst noch tun? Nichts, wenn Sie nicht wollen. Aber Sie können über das hinausgehen, was in der Gruppe besprochen wird. Nicht immer werden Sie alle *Erläuterungen* gemeinsam in der Gruppe lesen und diskutieren können. Wenn Sie die Zusatzinformation voll ausschöpfen möchten, haben Sie dafür zwei Möglichkeiten:

- Lesen Sie Text und Erläuterungen vorbereitend zu Hause.

Oder:

- Vertiefen Sie das Gespräch über einen Text im Anschluss an Ihr Gruppentreffen. Lesen Sie den Text noch einmal im Zusammenhang und nehmen Sie sich Zeit, die Erläuterungen zu studieren.

Der Traum

11. Der Traum, der dahintersteckt: Menschen treffen sich und wachsen zu einer tragfähigen Gemeinschaft zusammen, in der jeder eine Heimat findet und in seinen Freuden und Schwierigkeiten angenommen ist. Menschen kommen zusammen, reden über ihr Leben und ihren Glauben und begegnen der Bibel – egal, ob sie Kirchenmitglieder sind, vom Glauben bisher viel oder wenig wissen, ob sie Christen sind oder nicht.

„Serendipity"

12. Was heißt Serendipity? „Die Gabe, zufällig glückliche Entdeckungen zu machen". Genau darum geht es beim Kursmaterial „Serendipity bibel": Menschen kommen ins Gespräch über das Leben und den Glauben, tauschen Erfahrungen aus, setzen sich mit Fragen nach Gott und der Welt, nach Glauben und Bibel auseinander und machen dabei – möglicherweise sogar ganz unvermutet – wertvolle Entdeckungen für ihr Leben.

Hinweise für Gruppenleiter

13. Weitergehen. *Weitere Kurshefte zu vielen biblischen Themen finden Sie auf unserer Homepage: https://www.brunnen-verlag.de/serendipity*

Wie verläuft ein Treffen?

Jedes Treffen besteht aus drei Teilen:

EINSTIEG
(15–20 Minuten)

Der **Einstieg** bietet Hilfen an, um sich untereinander kennenzulernen und ins Gespräch zu kommen. Die Impulse in diesem Teil zielen darauf ab, mehr voneinander zu erfahren, damit gute Beziehungen untereinander wachsen können.

BIBELGESPRÄCH
(30–45 Minuten)
Wählen Sie ggf. unter den Fragen aus.

Lesen Sie den **Bibeltext** zunächst gemeinsam. Die **Fragen** in diesem Teil beziehen sich auf den Bibeltext. Sie helfen, ihn zu erschließen, und geben Ihnen einen Leitfaden für Ihr Gespräch. Greifen Sie immer dann auf die **Erläuterungen** zurück, wenn der Sinn des Textes sich nicht von selbst erschließt.

Sie werden vielleicht nicht alle Fragen in der zur Verfügung stehenden Zeit ansprechen können. Wählen Sie dann einfach die aus, die Ihrer Gruppe am wichtigsten erscheinen.

Wenn Ihre Gruppe recht groß ist, können Sie auch überlegen, ob Sie sich für das Bibelgespräch – immer oder hin und wieder – in kleinere Gruppen (etwa zu viert) aufteilen. Das gibt jedem Einzelnen die Möglichkeit, häufiger zu Wort zu kommen.

Wichtig: Zu manchen Fragen möchten Sie sich vielleicht nicht in der Gruppe äußern. Geben Sie aber Ihre Antwort für sich persönlich. Natürlich hat jeder die Freiheit, nur das mitzuteilen, was er wirklich möchte.

AUSTAUSCH UND GEBET
(15–30 Minuten)

Hier ist Gelegenheit, den Text noch einmal ganz persönlich auf sich wirken zu lassen und, wenn Sie möchten, persönliche Anliegen anzusprechen. Dieser **Austausch** und das gemeinsame **Gebet** füreinander dienen ganz entscheidend dem Zusammenwachsen und dem Aufbau einer tragfähigen Gemeinschaft.

Beenden Sie Ihr Treffen mit einem gemeinsamen Gebet, wenn alle damit einverstanden sind. Wenn Ihre Gruppe keine Erfahrung mit dem gemeinsamen Gebet hat, kann auch die Gesprächsleiterin oder ein Teilnehmer ein abschließendes Gebet sprechen.

Einführung: Die Ich-bin-Worte Jesu im Johannesevangelium

Verfasser

Von den vier Evangelisten gibt nur Johannes in seinem Evangelium die sieben markanten Ich-bin-Worte Jesu wieder. Der Schreiber des vierten Evangeliums nennt seinen Namen nicht ausdrücklich, sondern spricht von sich als dem „Jünger, den Jesus besonders liebte" (vgl. 21,20). Viele Indizien im Evangelium lassen darauf schließen, dass der Verfasser in der Tat zum engsten Kreis der Jünger gehört haben muss, und die Tradition der frühen Kirche geht einmütig davon aus, dass es sich um den Apostel Johannes handle.

Johannes gehörte mit seinem Bruder Jakobus (Mk 3,17) und dem Brüderpaar Simon und Andreas zu den ersten Jüngern Jesu (Joh 1,35-42; Mt 4,18–22). Zusammen mit Jakobus und Petrus bildete Johannes den engsten Kreis der Nachfolger um Jesus (vgl. Mk 5,37; 9,2; 14,33). Er war der Einzige aus dem Jüngerkreis, der die Kreuzigung Jesu aus nächster Nähe miterlebte (Joh 19,26). So befand sich Johannes sozusagen am Pulsschlag der Ereignisse und am Herzen (vgl. Joh 13,23; 21,20) von Leben und Wirken des Jesus von Nazareth.

Abfassung des Evangeliums

Es wird zumeist angenommen, dass das Johannesevangelium als letztes der vier Evangelien verfasst wurde, etwa um das Jahr 90 n. Chr., vielleicht in Ephesus, wo der greise Apostel Johannes gewirkt haben soll. In neuerer Zeit wurden aber auch Theorien aufgestellt, die eine wesentlich frühere Abfassungszeit favorisieren (noch vor dem Jahre 70 n. Chr.).

Anliegen des Verfassers

Schriften der frühen Kirche überliefern, dass der greise Apostel Johannes gebeten worden sei, seine Erfahrung mit Jesus schriftlich niederzulegen, in bewusster Ergänzung der anderen Evangelienberichte. Das vierte Evangelium zeichnet sich u. a. durch Berichte und Reden Jesu aus, die in den anderen Evangelien nicht erwähnt werden. Sein Verfasser bringt sein Hauptanliegen gegen Ende seines Evangeliums selbst klar zum Ausdruck (Joh 20,31). Er erzählt die Geschichte von Jesus, damit die Leser erkennen können, wer Jesus wirklich ist. Sie sollen ihr Vertrauen in ihn als den Sohn Gottes setzen, der wahres Leben gibt.

Johannes gibt aber nicht einfach einen chronologischen Lebensbericht Jesu; er komponiert seinen Bericht auf charakteristische Weise und interpretiert die Bedeutung Jesu für seine Leser. Auf diese Weise zeichnet er ein umfassenderes, stärker akzentuiertes Bild von Jesus, als die anderen Evangelisten es tun. Sein spezielles Vokabular und viele Zwischenbemerkungen lassen deutlich erkennen, dass er nicht nur „Biografie" schreiben, sondern den tieferen, den theologisch-geistlichen Hintergrund der Geschichte, der Person und der Verkündigung Jesu beleuchten möchte. Deutlich wird das bereits im Prolog Joh 1,1-18: Das Evangelium beginnt nicht mit den Lebensdaten Jesu, sondern mit einem Hymnus auf den Mensch gewordenen Sohn Gottes. 1,18 gibt so etwas wie das Leitmotiv des Evangeliums an: „Niemand hat Gott je gesehen. Der einzige Sohn hat ihn uns offenbart, er, der selbst Gott ist und an der Seite des Vaters sitzt."

Die Ich-bin-Worte

Zu den Besonderheiten des Johannesevangeliums gehören auch die sieben Ich-bin-Worte Jesu (6,35; 8,12; 10,7.9; 10,11.14; 11,25.26; 14,6; 15,1.5). Sie unterstützen in besonderer Weise das Ziel des Evangelisten, seinen Lesern zu zeigen, „dass Jesus der Messias ist, der Sohn Gottes, und damit ihr durch den Glauben an ihn in seinem Namen das Leben habt" (20,31).

Es geht Johannes von Beginn an (1,1-18) um die Herkunft und um das Wesen Jesu, die sich in seinem Auftrag zur Rettung der Welt zeigen, und um seine Wesensgleichheit mit seinem Vater im Himmel. Die Ich-bin-Worte verdeutlichen genau dieses Selbstverständnis Jesu. Formal gesehen nehmen die Ich-bin-Worte eine Sonderstellung ein und sind nicht etwa Gleichnisse, weil Jesus keinen Vergleich anstellt („Ich bin wie ..."), sondern eine Selbstaussage macht. Wird im Griechischen zum Verb (das die Person bereits anzeigt) das Fürwort „Ich" hinzugestellt, so zeigt dies eine besondere Hervorhebung der Person an („Ich! – Kein anderer!"). Dabei ist aber zu beachten, dass es Jesus nicht nur um eine Aussage über sein Wesen geht, nicht nur darum, *wer er an sich ist,* sondern darum, *wer er für alle Menschen ist.*

Es ist sicher kein Zufall, dass es genau sieben Bildworte sind, die Johannes überliefert. Sein Evangelium enthält ebenso sieben Wunderzeichen Jesu und sieben große Reden. Die Zahl Sieben ist in der Bibel die Zahl der Vollkommenheit. In sieben Selbstaussagen beschreibt Jesus also umfassend, wer er ist und welche Bedeutung er für die Menschen hat.

Neben den sieben eigentlichen Ich-bin-Worten finden sich etliche markante Ich-bin-Aussagen ohne ein Bild (z. B. „Ehe Abraham war, bin ich", 8,58; oder Jesu Reaktion Joh 4,28 auf die Aussage der Samariterin am Brunnen: „Ich weiß, dass der Messias kommen wird." – „Ich bin es!", s. auch Joh 8,24.28; 13,19; 18,5.6.8). Diese betonten Formulierungen meinen mehr als die schlichte Aussage: Ich bin der, von dem du sprichst. Sie unterstreichen durch ihren sprachlichen Anklang an die Selbstoffenbarung Gottes in seinem Namen bei der Berufung des Mose: „Ich bin, der ich bin" (siehe 2 Mo 3,14; s. a. Jes 43,11), dass Jesus mit Gott zusammengehört. Dieser Anklang war für die Zeitgenossen Jesu unüberhörbar.

Jesus erhebt in seinen Ich-bin-Aussagen, ob mit oder ohne Bildwort, also einen ungeheuerlichen und exklusiven Anspruch: Er ist der göttliche Offenbarer und Heilsbringer, der sich in eine Linie stellt mit dem Gott des Ersten Testaments, dem „Ich-bin", der Mose begegnete. Er ist der vom Himmel Gekommene, der im Auftrag seines Vaters der Welt das Leben bringt. Jesu Werk ist Gottes Werk, das er in göttlicher Vollmacht und entsprechend dem Willen des Vaters tut. Bei fast allen Ich-bin-Worten finden sich offensichtliche oder versteckte Andeutungen darauf, dass Jesus diesen Auftrag durch die Hingabe seines Lebens vollbringt (vgl. 1,29).

Der Anspruch Jesu war seinen Hörern bewusst und rief bei vielen nicht Glauben, sondern Widerstand hervor (6,41.42; 8,13; 10,19-21.33; 11,53). So finden sich im Zusammenhang der Ich-bin-Worte häufig Diskussionen mit Gegnern Jesu darüber, wer er ist. Auch die Jünger stellen immer wieder Rückfragen und erkennen die Bedeutung Jesu erst nach seiner Auferstehung vollständig.

Alle Ich-bin-Worte sind eine Einladung, aber zugleich eine Aufforderung an die Hörer, Stellung zu Jesus zu beziehen. Die Fülle des Lebens, die er bringt, ist nicht allen Menschen automatisch zugänglich; sie erfordert eine bewusste Hinwendung zu Jesus:

- „Wer zu mir kommt, wird nie mehr hungrig sein ..." (Joh 6,35)

- „Wer mir nachfolgt, wird nicht mehr in der Finsternis umherirren …" (Joh 8,12)
- „Wer an mich glaubt, wird leben …" (Joh 11,25)

  Vgl. auch Joh 10,9; 14,6; 15,5.

An der Stellung zu Jesus (als Brot des Lebens, Licht, Tür, Hirte usw.) entscheidet sich nach dem Johannesevangelium die Frage nach dem wahren Leben. Die Ich-bin-Worte müssen deshalb vom Wesen und Auftrag Jesu her sowie in ihrem Rückbezug auf alttestamentliche Attribute Gottes verstanden und interpretiert werden; sie erklären sich *nicht allein* aus dem Bildgehalt des Vergleichswortes, das Jesus gebraucht.

Zur Textauswahl in diesem Heft

In dem Bemühen, einen zeitlich begrenzten Kurs zusammenzustellen, wurden in diesem Bibelstudienheft markante Aussagen Jesu aus dem Johannesevangelium zusammengestellt. Das bedeutet, dass Textpassagen aus ihrem Zusammenhang herausgelöst präsentiert werden und so auch Bedeutungsebenen, die sich aus dem Zusammenhang des gesamten Evangeliums ergeben, nicht mehr ersichtlich sind. Aus diesem Grund weisen vor allem die Erläuterungen auch auf zahlreiche Stellen aus dem Johannesevangelium (und anderen biblischen Büchern) hin, die nicht in diesem Heft abgedruckt, für ein Verständnis einzelner Aussagen aber unverzichtbar sind.

Es empfiehlt sich daher für die Kursteilnehmer, eine *vollständige Bibel zur Hand* zu haben, um ggf. weitere Bibelstellen nachschlagen zu können.

Ich bin ist Dein Name

ICH BIN
sagtest Du
und Dein Wort war Leben,
die Kraft, die mich schuf
Dir zum Bilde.
Du wolltest, dass ich
lebe vor dir.
Du wolltest mich, Dein Geschöpf,
als Dein Dir zugekehrtes Du,
dessen höchstes Glück es ist
zu leben,
weil Du BIST.

ICH BIN
sagtest Du
und wurdest Mensch wie ich
mit seinen Grenzen,
seinem Leiden,
seiner Hingabe.
Und doch ein Mensch
wie niemand sonst,
ganz und gar demütig,
ganz und gar hingegeben
an Gott und die Welt.
„ICH BIN unter euch
wie ein Diener."
Und das Kreuz
von allen Enden der Erde
gibt Zeugnis
von Deiner Erniedrigung.

ICH BIN
sagtest Du
und offenbartest mir
das Geheimnis Deines Namens.
Du bist
Alpha und Omega,
Ursprung und Anfang,
Ende und Ziel.
Als die Mitte von allen Dingen
erkannte ich Dich
und wusste, dass Zeit
das Maß Deiner Gnade ist
und Ewigkeit
das Maß Deiner Liebe.

ICH BIN
sagtest Du
und riefst mich
in Deine Nachfolge.
So wurde die Welt mir
durchscheinend für Dich.
DU sagtest:
ICH BIN
  das Brot
  das Licht
  die Tür
  der Hirte
  das Leben
  der Weg
  der Weinstock
Die Worte dieser Gleichnisse
wurden zur Begegnung mit Dir
auf Schritt und Tritt
und je weiter ich ging,
umso tiefer erkannte ich
wie sehr Du der Bittende bist
und ich diejenige,
die alles empfängt.

Darum will ich, Herr,
in Deinem Namen wohnen
wie in einem Haus,
das weit und groß und schön ist
wie die Welt, Deine Schöpfung.
In Deinem Namen bin ich zu Hause.
In ihm gehe ich ein und aus
und entdecke immer neu
Deine Schöpferkraft,
die mich begeistert und belebt,
sodass auch ich
schaffensfreudig werde wie Du,
voll Elan und Leben,

voll Dank und Lebensmut.
Durch Dich bin ich wie eine,
die täglich aufersteht.

Darum will ich, Herr,
deine Liebe verteilen
wie Du:
in die Armut der Herzen,
in die Armut der Hände,
in das Elend der Welt,
das sich zu Bergen auftürmt.
Gebeugt
vom Gewicht Deiner Gnade
will ich unter den Menschen sein,
gebeugt
wie die Sünderin über den Sand,
in den Dein Finger
das Wort Deiner Liebe schrieb,
das kein Wind mehr
auslöschen kann.
Denn: „Was bleibt,
IST DIE LIEBE."

Soeur Natascha
(Abdruck mit freundlicher Genehmigung des MBK-Verlags, Bad Salzuflen)

Das Brot des Lebens

Johannes 6, 25–59

1. Haben Sie schon einmal gefastet?
   Welche Erfahrungen haben Sie damit gemacht?

2. Was ist für Sie „Nahrung für die Seele“?

3. Gibt es in Ihrem Leben Symbole oder Rituale, die Ihnen etwas bedeuten?
   Welche? Warum?

4. Welche Brotsorte(n) essen Sie am liebsten?
   Backen Sie Ihr Brot manchmal selbst?

EINSTIEG

(15–20 Minuten)
Wählen Sie bitte eine oder zwei Fragen aus.

BIBELTEXT

Zusammenhang: In Joh 6,1-15 wird das Brotwunder berichtet, durch das Jesus 5 000 Menschen speist. Es ist das vierte Wunder, das Jesus tut. Bereits die vorangegangenen Wunder hatten die Frage aufgebracht, wer Jesus ist und mit welcher Vollmacht er handelt und seine Botschaft verkündet. Die Menschen, die das Brotwunder miterlebt haben, geraten in Begeisterung für Jesus: Man will ihn zum König machen. Aber Jesus zieht sich in die Einsamkeit zurück. Seine Jünger fahren ans andere Ufer des galiläischen Meers, und während der Überfahrt kommt Jesus über das Wasser zu ihnen ins Boot. Die enttäuschte Menschenmenge macht sich auf die Suche nach Jesus und spürt ihn dann am anderen Ufer auf. Hier setzt der Textabschnitt ein:

25 Und auf der anderen Seite des Sees fanden sie ihn dann auch. „Rabbi“,
fragten sie ihn, „wann bist du denn hierher gekommen?“

Jesus Christus – Das Brot des Lebens

26 Jesus entgegnete: „Ich will euch sagen, warum ihr mich sucht: Ihr sucht
mich nur, weil ihr von den Broten gegessen habt und satt geworden seid.
Aber was Gott euch durch die Wunder sagen will, wollt ihr nicht verstehen. 27 Statt euch nur um die vergängliche Nahrung zu kümmern, bemüht
euch um die Nahrung, die Bestand hat und das ewige Leben bringt. Diese
Nahrung wird euch der Menschensohn geben, denn ihn hat Gott, der Vater,
als seinen Bevollmächtigten bestätigt.“

28 Da fragten sie ihn: „Was für Dinge müssen wir denn tun, um Gottes Willen zu erfüllen?“ 29 Jesus antwortete: „Gottes Wille wird dadurch erfüllt, dass
ihr an den glaubt, den er gesandt hat.“

30 Doch nun sagten sie: „Wenn wir dir glauben sollen, dass du von Gott gesandt bist, dann lass uns ein Wunder sehen, das es uns beweist. Wo bleibt dieser Beweis? 31 Damals in der Wüste haben unsere Vorfahren Manna gegessen, wie es ja auch in der Schrift heißt: ‚Brot vom Himmel gab er ihnen zu essen.' " 32 Jesus erwiderte: „Ich sage euch: Das Brot vom Himmel hat euch nicht Mose gegeben; es ist mein Vater, der euch das wahre Brot vom Himmel gibt. 33 Denn das Brot, das Gott gibt, ist der, der vom Himmel herabkommt und der Welt das Leben schenkt."

34 „Herr", sagten sie da zu ihm, „gib uns immer von diesem Brot!" 35 Jesus antwortete: „Ich bin das Brot des Lebens. Wer zu mir kommt, wird nie mehr hungrig sein, und wer an mich glaubt, wird nie mehr Durst haben. 36 Aber es ist, wie ich euch schon gesagt habe: Trotz allem, was ihr von mir gesehen habt, glaubt ihr nicht. 37 Alle, die der Vater mir gibt, werden zu mir kommen, und wer zu mir kommt, den werde ich nicht hinausweisen. 38 Denn ich bin nicht vom Himmel herabgekommen, um das zu tun, was ich selber will, sondern um den Willen dessen zu erfüllen, der mich gesandt hat. 39 Und der Wille dessen, der mich gesandt hat, ist, dass ich von all denen, die er mir gegeben hat, niemand verloren gehen lasse, sondern dass ich sie an jenem letzten Tag vom Tod auferwecke. 40 Ja, es ist der Wille meines Vaters, dass jeder, der den Sohn sieht und an ihn glaubt, das ewige Leben hat; und an jenem letzten Tag werde ich ihn auferwecken."

41 Die Juden waren empört darüber, dass Jesus gesagt hatte: „Ich bin das Brot, das vom Himmel herabgekommen ist." 42 „Ist das nicht Jesus, der Sohn von Josef?", sagten sie. „Wir kennen doch seinen Vater und seine Mutter! Wie kann er da behaupten, er sei vom Himmel herabgekommen?" 43 „Warum seid ihr so empört?", sagte Jesus zu ihnen. „Hört auf, so zu reden! 44 Niemand kann von sich selbst aus zu mir kommen. Der Vater, der mich gesandt hat, muss ihn zu mir ziehen. Und wer zu mir kommt, den werde ich an jenem letzten Tag auferwecken. 45 Es heißt in der Schrift bei den Propheten: ‚Sie werden alle von Gott selbst gelehrt sein.' Jeder, der auf das hört, was der Vater sagt, und von ihm lernt, kommt zu mir. 46 Das heißt nun aber nicht, dass irgendjemand den Vater gesehen hat. Nur der eine, der von Gott kommt, hat den Vater gesehen. 47 Ich versichere euch: Wer glaubt, hat das ewige Leben. 48 Ich bin das Brot des Lebens. 49 Eure Vorfahren, die in der Wüste das Manna gegessen haben, sind gestorben. 50 Hier aber ist das wahre Brot, das vom Himmel herabkommt: Wer davon isst, wird nicht sterben. 51 Ich bin das lebendige Brot, das vom Himmel herabgekommen ist. Wenn jemand von diesem Brot isst, wird er ewig leben. Dieses Brot, das ich ihm geben werde, ist mein Fleisch; ich gebe es hin für das Leben der Welt."

52 Unter den Juden kam es daraufhin zu einer heftigen Auseinandersetzung. „Wie kann dieser Mensch uns sein Fleisch zu essen geben?", fragten sie. 53 Jesus aber sagte zu ihnen: „Ich versichere euch: Wenn ihr das Fleisch des Menschensohnes nicht esst und sein Blut nicht trinkt, habt ihr das Leben nicht in euch. 54 Wer mein Fleisch isst und mein Blut trinkt, hat das ewige

Leben, und ich werde ihn an jenem letzten Tag auferwecken. 55 Denn mein
Fleisch ist die wahre Nahrung, und mein Blut ist der wahre Trank. 56 Wer mein
Fleisch isst und mein Blut trinkt, der bleibt in mir, und ich bleibe in ihm. 57 Der
Vater, der lebendige Gott, hat mich gesandt, und ich lebe durch ihn. Genauso
wird auch der, der mich isst, durch mich leben. 58 Das ist also das Brot, das
vom Himmel herabgekommen ist. Bei diesem Brot ist es nicht wie bei dem,
das die Vorfahren gegessen haben. Sie sind gestorben; aber wer dieses Brot
isst, wird ewig leben."
59 Diese Dinge sagte Jesus, als er in der Synagoge von Kafarnaum lehrte.

BIBELGESPRÄCH

(30–45 Minuten) Wählen Sie ggf. unter den Fragen aus.

1. Warum suchen die Menschen nach Jesus (V. 24-26; vgl. V. 2)?

2. Woran sind die Leute interessiert, und worauf will Jesus ihre Aufmerksamkeit lenken (V. 26.27)?

3. In Joh 4 sagt Jesus zu seinen Jüngern, die besorgt darüber sind, dass er das Mittagessen versäumt hat: „Ich lebe von einer Nahrung, von der ihr nichts wisst. Meine Nahrung ist, dass ich den Willen dessen tue, der mich gesandt hat, und das Werk vollende, das er mir aufgetragen hat" (V. 32.34). Was bedeutet diese Aussage für das Verständnis des Bildwortes vom „Brot des Lebens"?

4. Was bedeutet die Aussage in Joh 4, 32.34 für die Aufforderung Jesu: „Bemüht euch um die Nahrung, die Bestand hat und das ewige Leben bringt" (V. 27)? (Vgl. auch V. 57.58) Was muss man tun, um diese Nahrung zu bekommen?

5. Welche Ähnlichkeiten und welche Unterschiede gibt es zwischen dem Manna (2 Mo 16) und dem „Brot des Lebens" (V. 35.58)? Warum ist das Brot, das Jesus gibt, unvergleichlich besser als das Brot, das Mose gab (V. 32.33 und 49.50)?

6. Was verlangen die Menschen von Jesus, damit sie ihm glauben können (V. 30)? Warum reicht ihnen das Wunder der Brotvermehrung, das sie miterlebt haben, nicht als Beweis (vgl. Erläuterungen zu V. 30.)? Wie antwortet Jesus darauf?

7. In V. 35-40 macht Jesus mehrere kategorische Aussagen über sich selbst. Worauf liegt dabei das besondere Gewicht?

8. Wie reagieren die Leute auf den hohen Anspruch, den Jesus erhebt (V. 41.42)?

9. Aus welchem Grund spitzt Jesus seinen Vergleich vom Brotessen am Ende so drastisch zu (V. 53-58)?

10. Hinter den Versen 53-58 steht die Erfahrung des Johannes mit der Abendmahls- bzw. Eucharistiefeier der frühen Gemeinde.
Was entnehmen Sie diesem Text über die Bedeutung des Abendmahls? Welchen Stellenwert hat diese Feier für Sie persönlich?

11. Welche Rolle spielt Gott, welche der Mensch, wenn ein Mensch zum Glauben an Jesus findet (V. 44-47)? Welches mehrfach wiederholte Versprechen gibt Jesus den Menschen, die zu ihm kommen?

AUSTAUSCH

(15–30 Minuten)
Wählen Sie ggf. unter den Fragen aus. Sie können das Gespräch mit einem gemeinsamen Gebet abschließen, in dem Sie auf mögliche Fragen und Anliegen Bezug nehmen, die im Gespräch deutlich geworden sind. Fragen, die nicht in der Gruppe thematisiert werden, können Ihnen auch als Anstoß dienen, zu Hause den Text vertiefend zu betrachten.

1. Was ist der wichtigste Gedanke oder Eindruck, den Sie aus diesem Bibelgespräch mitnehmen?

2. Warum folgen Sie Jesus nach? Können Sie den wichtigsten Grund dafür in einem Satz nennen?

3. Welchen Hunger oder Durst der Seele verspüren Sie? Was löst der Satz Jesu in Ihnen aus: „Wer zu mir kommt, wird niemals wieder Hunger leiden, und wer an mich glaubt, wird nie wieder Durst haben“?

4. Stellen Sie sich noch einmal vor Augen, welchen Anspruch Jesus in diesem Text erhebt. Wie würden Sie diesen Anspruch in eigenen Worten formulieren? Welche Empfindungen bewegen Sie dabei?

5. Wie würden Sie Ihre derzeitige geistliche Nahrung beschreiben? Fast Food? Mehrgängiges Menü? Wasser und Brot? Tütensuppe? Vollwert-Frühstück? Brauchen Sie einen neuen Speiseplan?

6. Erfahren Sie Jesus als Brot des Lebens? Inwiefern?

6,25. Rabbi. Ein Rabbi, auch Meister genannt, ist ein Lehrer, der eine Anzahl von Schülern um sich schart. Durch diese Anrede wird die Autorität Jesu als Lehrer anerkannt. **wann bist du denn hierher gekommen?** Mehr als das *Wann* interessiert die Leute natürlich das *Wie*. Vgl. V. 22.

6,26. satt geworden seid. Aber was Gott euch durch die Wunder sagen will, wollt ihr nicht verstehen. Das Speisungswunder hatte nur die momentanen Bedürfnisse der Menschen nach Nahrung gestillt. Daraus erwächst nicht automatisch Erkenntnis über Jesus. Die meisten sehen in Jesus nur den Erfüllungsgehilfen der eigenen Wünsche und Vorstellungen. Sie erkennen in dem Wunder keinen Hinweis auf sein Wesen bzw. darauf, wer Jesus ist. Johannes spricht von den Wundern, die er berichtet, grundsätzlich als *Zeichen*. Nicht der wundersame Charakter steht also im Vordergrund, sondern der Hinweischarakter: Hier handelt ein Mensch in der Vollmacht Gottes.

6,27. die Nahrung, die Bestand hat und das ewige Leben bringt. Wörtl. die Nahrung, die ins ewige Leben bleibt. Jesus fordert die Menschen heraus, zu überprüfen, was sie wirklich brauchen. Das Brot für jeden Tag ist sicher wichtig. Dennoch sollen sie nicht auf der materiellen, vergänglichen Ebene stehen bleiben. Jesus kam, um eine Nahrung zu geben, die den geistlichen Hunger stillt und den geistlichen Tod verhindert. Diese Nahrung ist er selbst. **ihn hat Gott, der Vater, als seinen Bevollmächtigten bestätigt.** Wörtl. *ihn hat Gott, der Vater, mit einem Siegel versehen*. Ein Siegel galt als Unterschrift. Es konnte u. a. eine Eigentumsmarkierung sein oder das Echtheitskennzeichen eines Dokuments. Hier signalisiert es die offizielle Bestätigung und Bevollmächtigung Jesu. Es geht um die Glaubwürdigkeit der göttlichen Identität Jesu und um die göttliche Wahrheit seiner Botschaft. Ob diese Versiegelung Jesu in einem bestimmten Akt vollzogen wurde (bei der Taufe, durch das Speisungswunder, durch die Zeichen im Allgemeinen) oder von vornherein gegeben war, wird nicht gesagt.

6,28. Was für Dinge müssen wir denn tun, um Gottes Willen zu erfüllen? Wörtl. *um Gottes Werke zu wirken*. Die Zuhörer sind bereit, für das Brot, von dem Jesus spricht, einen Einsatz zu leisten.

6,29. Gottes Wille wird dadurch erfüllt, dass ihr an den glaubt, den er gesandt hat. Wörtl. *Das ist das Werk Gottes…* Nicht Gesetze oder Vorschriften gilt es zu erfüllen, um das Wohlgefallen Gottes zu erlangen. Jesus macht deutlich, dass nur eins erforderlich ist: Glauben an ihn. Im griechischen Text wird das noch dadurch unterstrichen, dass in V. 28 der Plural Werke gebraucht wird (*um Gottes Werke zu wirken*), Jesus in seiner Antwort aber den Singular Werk benutzt (*Das ist das Werk Gottes…*).

6,30. Wenn wir dir glauben sollen. Nachdem sie erst kürzlich das Wunder der Brotvermehrung miterlebt haben, mangelt es den Leuten eigentlich nicht an Beweisen. Der Zusammenhang zeigt, dass es den meisten wohl nicht ernsthaft um den Glauben ging. Sie waren, wie es in Joh 5,44 anklingt, auf menschliches Ansehen bedacht. Man wird den Verdacht nicht los, dass pure Sensationslust und der Drang nach spektakulären Erlebnissen die Antriebsfedern für ihre Forderung waren. **dass du von Gott gesandt bist.** Ein erklärender Zusatz des Übersetzers (der im griech. Text nicht vorkommt). **dann lass uns ein Wunder sehen, das es uns beweist. Wo bleibt dieser Beweis?** Die Erwartungen an den Messias schlossen auch die Vorstellung ein, dass er größere Wunder tun würde als Mose. Jesus hatte die Menschen einmal mit Brot versorgt, während Mose das Volk in der Wüste Tag für Tag mit Nahrung versorgte. Deshalb die Aufforderung, dass Jesus seine Wundertätigkeit noch steigern solle. Der Bezug zu Mose wird allerdings erst im Folgevers deutlich („Damals in der Wüste haben unsere Vorfahren Manna gegessen…“)

6,31. Brot vom Himmel gab er ihnen zu essen. Vgl. Psalm 78,24.

6,32. Das Brot vom Himmel hat euch nicht Mose gegeben; es ist mein Vater, der euch das wahre Brot vom Himmel gibt. Jesus korrigiert seine Gesprächspartner in zwei Punkten. 1. Das Wunder, das sie Mose zuschreiben, war in Wahrheit ein Handeln Gottes. 2. Was die Israeliten damals bekamen, war nicht das „wahre Brot vom Himmel", sondern nur sein schwacher Abglanz, sozusagen eine prophetische Illustration und ein Vorgeschmack.

6,33. Denn das Brot, das Gott gibt. Wörtl. *das Brot Gottes.* **der, der der Welt das Leben schenkt.** Wieder betont Jesus seine universelle Bedeutung für alle Menschen.

6,34. Wie so oft, bleibt das Verständnis der Zuhörer oberflächlich begrenzt (vgl. V. 42.52; Joh 2,20; 3,4.9; 7,36; 8,33 usw.). Parallelen zum Gespräch mit der Samariterin in Joh 4 sind unübersehbar (vgl. V. 34 mit Joh 4,15 und V. 35 mit Joh 4,13.14).

6,35. Ich bin das Brot des Lebens. Mit dieser ersten feierlichen Selbstaussage verbunden mit einer Metapher (Bildwort) lässt Jesus sein göttliches Wesen und seinen göttlichen Auftrag aufleuchten. Das Thema *Brot des Lebens* spielt auf jüdische Überlieferungen an, die Gottes Wort und Weisheit mit Essen und Trinken vergleichen (Spr 9,5; Jes 55,1.10.11; Am 8,11ff). Jesus erhebt für sich einen ähnlichen Anspruch, nämlich dass er und seine Worte den Menschen Nahrung zum ewigen Leben geben.

Johannes berichtet – anders als die drei anderen Evangelisten – in seinem Evangelium später nicht von der Einsetzung des Abendmahls. Was ihm dazu wichtig ist, wird alles bereits in diesem Abschnitt (vgl. V. 48-58) deutlich.

6,36. Trotz allem, was ihr von mir gesehen habt. Wörtl. *Obwohl ihr mich gesehen habt.* Ein Erlebnis oder Wunder führt nicht zwingend zum Glauben.

6,37. Alle, die der Vater mir gibt. Siehe auch V. 39.44.45.65. Dass ein Mensch an Jesus glauben kann, ist allein der Gnade Gottes zu verdanken. Dennoch entbindet ihn das nicht von seiner eigenen Verantwortung. **werden zu mir kommen.** Hier liegt die Betonung nun auf dem Tun des Menschen (griech.: *wer zu mir kommt*), wobei das *Zu-Jesus-Kommen* das Sehen, Hören und den Glauben einschließt (vgl. V. 29.40.47; Joh 5,24).

6,38. nicht... tun, was ich selber will. Damit will Jesus nicht sagen, dass es sein Wille wäre, Menschen zurückzuweisen (V. 27), sondern dass er in allem im Auftrag des Vaters handelt.

6,40. jeder, der den Sohn sieht. Einerseits wird der göttliche Erlösungswille an das Erkennen Jesu und den Glauben an ihn geknüpft. Zugleich betont diese Aussage die aktive Seite des Menschen im Kontrast zur aktiven Seite Gottes in V. 39.

6,44. Niemand kann von sich selbst aus zu mir kommen. Dass ein Mensch zum Glauben kommt, ist nicht Sache eigenen Antriebs. Zuerst tut Gott ein entscheidendes Werk an seinem Herzen (die sog. „vorlaufende Gnade"): **Der Vater, der mich gesandt hat, muss ihn zu mir ziehen.** Gott will das Heil für alle Menschen und wirbt um sie („Ziehen") (Jes 55,3; Jer 31,3). Gott allein ermöglicht es den Menschen, Jesus als den Retter zu erkennen; dann aber fragt er nach der Entscheidung, auch wirklich zu ihm zu kommen und ihn als Retter aufzunehmen, *(jeder, der an ihn glaubt,* V. 40; *wer an mich glaubt*, V. 47; vgl. V. 29.69; Joh 3,16).

6,45. Sie werden alle von Gott selbst gelehrt sein. Jesus führt einen Indizienbeweis aus dem AT an. Jes 54,13 macht deutlich, wie das *Gezogen-Werden* aussieht. Es geschieht durch die Stimme des Vaters, die ruft und Weisung gibt. Wer bereit ist, auf den Vater zu hören, der wird auch zum Sohn kommen (V. 45), denn Jesus kommt doch vom Vater (V. 46; Joh 1,14.18). Diese Aussage Jesu legt nahe, dass Unglaube auf lange anhaltender Gleichgültigkeit gegen Gottes Stimme beruhen kann.

6,46. Nur der eine, der von Gott kommt, hat den Vater gesehen. Den Ursprung Jesu im Wesen Gottes hatte bereits der Prolog des Johannesevangeliums feierlich besungen (vgl. Joh 1,1-18).

Das Motiv zieht sich durch das gesamte Evangelium. Jesus ist der Höhepunkt der Offenbarung Gottes. Es gab auch vor ihm Menschen, die Gott als Boten seines Willens gebrauchte. Doch das war nur die Vorbereitung auf das Kommen des Sohnes, der allein die Tiefe des Wesens und Willens Gottes kennt und kundtut (Joh 1,17.18; 14,6.9). **der eine, der von Gott kommt.** Wörtl.: *der von Gott Seiende*; ein weiterer Hinweis auf die Gottheit Christi.

6,47. Wer glaubt, hat das ewige Leben. Wer an Jesus glaubt, bekommt hier und jetzt ein neues Leben von göttlicher Qualität, das den Tod überdauern wird (V. 50; Joh 3,16.36; 5,24; 1Joh 5,12). Die Vollendung dieses Lebens steht noch aus und ist Teil der Zukunftserwartung der Glaubenden (Mk 10,30; Röm 2,7; Tit 1,2; 3,7).

6,48. Ich bin das Brot des Lebens. Jesus ist nicht lediglich der Geber des Lebensbrotes, sondern er ist es in seiner Person.

6,49.50. Jesus kommt auf das alttestamentliche Beispiel zurück (V. 32.33) und macht deutlich, dass er (qualitativ) sehr wohl mehr bietet, als dem Volk durch Mose gegeben wurde. Zugleich steht das Essen stärker im Vordergrund (essen/trinken = Jesus in sich aufnehmen/glauben). Damit betont und veranschaulicht Jesus wieder die Verantwortung des Menschen. Der Glaubende nimmt in sich auf, was nur Jesus ihm gibt (V. 51).

6,50. herabkommt: Wer davon isst, wird nicht sterben. Wörtl. *herabkommt, damit man davon isst und nicht stirbt.*

6,51. Ich bin das lebendige Brot, das vom Himmel herabgekommen ist. Der Ausdruck meint dasselbe wie *Brot des Lebens* in V. 35.48, bringt aber deutlicher zum Ausdruck, dass es sich nicht um eine abstrakte Idee handelt, sondern um eine Person, die lebt und Leben gibt. **Dieses Brot … ist mein Fleisch.** Dies ist wohl eine Anspielung auf das Fleisch des Passalammes; gleichzeitig erinnert das Wort Fleisch an Joh 1,14, wo die reale Menschwerdung Jesu verdeutlicht werden sollte. Irrlehrer behaupteten, Gott sei in Jesus nicht wirklicher Mensch aus Fleisch und Blut gewesen. **für das Leben der Welt.** Wie damals beim Auszug aus Ägypten das geschlachtete Passahlamm Leben bedeutete, weil der Gerichtsengel Gottes verschonend an den Häusern der Glaubenden vorbeiging (2 Mo 12,7.23), so bringt der Tod Jesu Leben für alle, die sich im Glauben davon „ernähren“.

6,52. heftigen Auseinandersetzung. Die Aussagen Jesu führten wiederholt zu Differenzen unter seinen Hörern (vgl. 9,16; 10,19).

6,53. sein Blut … trinkt. Der ganze Absatz steht im Zusammenhang mit der Feier des Abendmahls, wie der Evangelist sie aus der frühen Kirche kannte. Jesus drückt sich schockierend aus. Es war den Juden strikt verboten, blutiges Fleisch zu essen oder gar Blut zu trinken (1 Mo 9,4; 3 Mo 17,10ff). Andererseits hätten die Hörer auf die richtige Spur kommen können, weil Blut im Opferkult eine wichtige Bedeutung hatte (Sühnung). Jesus spielt darauf an, dass er als das Opferlamm Gottes alle Schuld der Menschen auf sich nehmen würde (Joh 1,29). – Die Betonung der Begriffe „Fleisch“, „essen“ (wörtl. *kauen*), „Blut“, „trinken“ geschieht wohl auch in Abwehr eines rein geistig-innerlichen Verständnisses der Bedeutung Jesu.

6,54. am letzten Tag auferwecken. Erneut (vgl. V. 39.40.44) verspricht Jesus denen, die ihm vertrauen, bleibendes Leben. Der Vergleich der Verse zeigt auch, dass Jesus mit Essen und Trinken nichts anderes meint, als *an ihn glauben*. Dabei wird das aktive Handeln des Menschen stärker betont. Glauben heißt, Jesus bewusst aufnehmen, mit ihm eins werden (V. 56).

6,55. Wahre Nahrung/wahrer Trank. „Wahr“ (V. 32) meint die göttliche, geistliche Wirklichkeit. Während Essen und Trinken dem physischen Leib Nahrung geben, stillt Jesus den Hunger und Durst der Seele. Die materielle Nahrung und das physische Leben sind vergänglich; die wahre Speise gibt ewiges Leben.

6,58. wird ewig leben. In allen Ich-bin-Worten geht es darum, dass Jesus gekommen ist, um das wahre Leben zu geben, das Leben, das jetzt schon den „Lebenshunger“ stillt und das in Ewigkeit vollendet wird und Bestand hat.

6,59. in der Synagoge von Kafarnaum. Während der Tempel von Jerusalem der einzige Ort war, an dem der Opferkult vollzogen wurde, fanden die wöchentlichen Versammlungen der jüdischen Gemeinde am Sabbat in der örtlichen Synagoge statt. Das Gebet und die Unterweisung in der Schrift standen dabei im Mittelpunkt.

Das Licht der Welt

2

Johannes 8,12-30

EINSTIEG

(15–20 Minuten)
Wählen Sie bitte eine oder zwei Fragen aus.

1. „Finsternis“ – welche Gedanken, Gefühle, Situationen oder Ereignisse verbinden Sie mit diesem Begriff? Welche Erlebnisse fallen Ihnen dazu ein?

2. Halten Sie sich für einen guten Menschenkenner? Woran machen Sie das fest? Wie schnell steht Ihr Urteil über jemanden fest, den Sie erst kurze Zeit kennen?

BIBELTEXT

Zusammenhang: Die Rede Jesu über seine Bedeutung als „Brot des Lebens“ in Joh 6 hatte dazu geführt, dass viele, die zuvor an ihm interessiert gewesen waren, sich von ihm abwandten. In dieser Situation berichtet Johannes von Petrus, der sich zu Jesus als dem Christus bekennt. Unter den Gegnern Jesu entstehen bereits die ersten Überlegungen, ihn zu beseitigen (Joh 7,1). Hatte Jesus bisher in Galiläa gewirkt, reist er nun – zum Laubhüttenfest – nach Jerusalem, um sich dort als den von Gott gesandten Retter zu offenbaren. Alles weitere Geschehen spielt sich in Jerusalem ab. Jesus hält einige öffentliche Reden, bei denen er an Elemente der Festliturgie anknüpft. Er gerät immer wieder in Streitgespräche mit Zuhörern über die Frage, wie er seinen unerhörten Anspruch begründen kann. Es bilden sich Parteien im Volk: Die einen halten ihn für einen Propheten oder für den Messias; die Pharisäer und religiösen Autoritäten verstärken ihre Gegnerschaft. Im folgenden Abschnitt sind seine Gesprächspartner zunächst die Pharisäer, die seinen Anspruch massiv infrage stellen; später eine nicht näher beschriebene Menschenmenge.

Jesus Christus – das Licht der Welt

12 Ein anderes Mal, als Jesus zu den Leuten sprach, sagte er: „Ich bin das Licht
der Welt. Wer mir nachfolgt, wird nicht mehr in der Finsternis umherirren,
sondern wird das Licht des Lebens haben.“

13 Da sagten die Pharisäer zu ihm: „Du redest als Zeuge in eigener Sache.
Was du sagst, ist nicht glaubwürdig.“ 14 Jesus erwiderte: „Auch wenn ich als
Zeuge in eigener Sache rede, ist das, was ich sage, wahr. Denn ich weiß, woher ich gekommen bin und wohin ich gehe. Ihr aber wisst weder, woher ich
komme, noch, wohin ich gehe. 15 Ihr urteilt nach menschlichen Maßstäben;
ich urteile über niemand. 16 Wenn ich aber doch ein Urteil ausspreche, dann

ist mein Urteil richtig. Denn ich handle nicht allein, sondern in Übereinstimmung mit dem, der mich gesandt hat, dem Vater. [17] In eurem Gesetz heißt es: Wenn zwei Zeugen in ihrer Aussage übereinstimmen, ist das, was sie sagen, glaubwürdig. [18] So ist es auch hier: Ich bin mein eigener Zeuge, und mein Vater, der mich gesandt hat, ist ebenfalls mein Zeuge." – [19] „Wo ist denn dein Vater?", fragten sie. Jesus entgegnete: „Ihr kennt weder mich noch meinen Vater. Würdet ihr mich kennen, dann würdet ihr auch meinen Vater kennen."

[20] Jesus lehrte im Tempel in der Nähe des Kastens für die Geldopfer, als er diese Dinge sagte. Aber niemand nahm ihn fest; seine Zeit war noch nicht gekommen.

Woher Jesus kommt und wohin er geht

[21] Jesus wandte sich von Neuem an seine Zuhörer. „Ich werde fortgehen", sagte er. „Ihr werdet mich suchen, aber da, wo ich hingehe, könnt ihr nicht hinkommen; ihr werdet in eurer Sünde sterben."

[22] „Will er sich etwa das Leben nehmen?", fragten sich die Juden. „Vielleicht sagt er deshalb: ‚Da, wo ich hingehe, könnt ihr nicht hinkommen.'"
[23] Doch Jesus fuhr fort: „Ihr seid von hier unten, ich bin von oben. Ihr seid von dieser Welt, ich bin nicht von dieser Welt. [24] Darum habe ich zu euch gesagt, dass ihr in euren Sünden sterben werdet. Glaubt an mich als den, der ich bin; wenn nicht, werdet ihr in euren Sünden sterben."

[25] „Wer bist du denn?", fragten sie. Jesus antwortete: „Darüber habe ich doch von Anfang an zu euch gesprochen. [26] Was euch betrifft, hätte ich noch viel zu sagen, und es gäbe noch vieles, worin ich über euch zu urteilen hätte. Aber ich sage der Welt nur das, was ich von dem gehört habe, der mich gesandt hat; und was er sagt, ist wahr."

[27] Sie begriffen nicht, dass Jesus über den Vater sprach. [28] Deshalb sagte er zu ihnen: „Dann, wenn ihr den Menschensohn erhöht habt, werdet ihr mich als den erkennen, der ich bin, und werdet erkennen, dass ich nichts von mir selbst aus tue, sondern das sage, was mich der Vater gelehrt hat. [29] Und er, der mich gesandt hat, ist bei mir. Er lässt mich nie allein, denn ich tue immer, was ihm gefällt." [30] Als Jesus das sagte, glaubten viele an ihn.

BIBELGESPRÄCH

(30–45 Minuten)
Wählen Sie
ggf. unter den
Fragen aus.

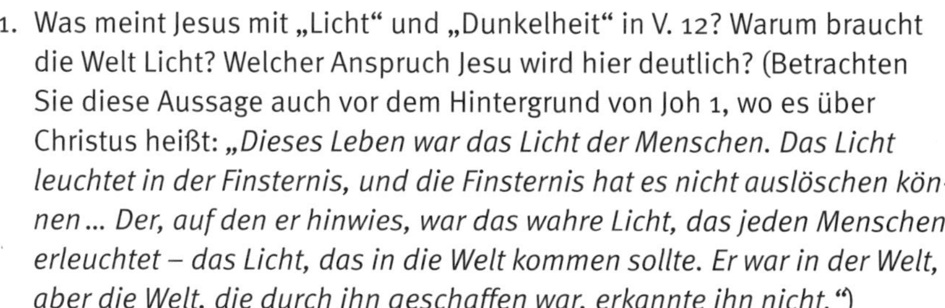

1. Was meint Jesus mit „Licht“ und „Dunkelheit“ in V. 12? Warum braucht die Welt Licht? Welcher Anspruch Jesu wird hier deutlich? (Betrachten Sie diese Aussage auch vor dem Hintergrund von Joh 1, wo es über Christus heißt: *„Dieses Leben war das Licht der Menschen. Das Licht leuchtet in der Finsternis, und die Finsternis hat es nicht auslöschen können ... Der, auf den er hinwies, war das wahre Licht, das jeden Menschen erleuchtet – das Licht, das in die Welt kommen sollte. Er war in der Welt, aber die Welt, die durch ihn geschaffen war, erkannte ihn nicht.“*)

2. Welchen Zusammenhang sehen Sie zwischen der Ich-bin-Aussage in V. 12 und der Diskussion, die sich anschließt?

3. In der Auseinandersetzung um die Glaubwürdigkeit Jesu argumentieren die Pharisäer auf einer anderen Ebene als Jesus. Versuchen Sie, diese Argumentationslinien in eigenen Worten nachzuzeichnen. Wo liegt der entscheidende Unterschied?

4. Die Bestätigung einer Tatsache durch zwei Zeugen galt im Judentum als gültiger Beweis (5 Mo 19,15). Welche Zeugen nennt Jesus hier?

5. Welche Rolle spielte die Herkunft Jesu bei der Beurteilung seiner Person und seiner Lehre (V. 14.23; vgl. Joh 7,28.41.42)?

6. Auf wen beziehen sich die Pharisäer, wenn Sie Jesus nach seinem Vater fragen? Wie beschreibt V. 19 den wahren Zustand der Beziehung zwischen den Pharisäern und Gott, dem Vater?

7. Warum ist die Frage danach, wer Jesus ist und wer ihn sendet, so entscheidend? Wann würde die Wahrheit über ihn öffentlich zutage treten?8. Gibt Jesus seine Gesprächspartner auf? Was besagt V. 28 im Blick auf die Möglichkeit, die Bedeutung Jesu zu erkennen?

8. Vor welche Alternative stellt Jesus seine Zuhörer (V. 12.24)? Welche Bedeutung hat die Versöhnungstat Jesu im Licht von V. 24?

9. Der Verfasser des Johannesevangeliums schreibt mit der erklärten Absicht, „damit ihr glaubt, dass Jesus der versprochene Retter und der Sohn Gottes ist“ (Joh 20,31). Wie unterstreicht dieser Abschnitt seines Evangeliums dieses Anliegen?

10. Welche Bedeutung hat die Aussage in V. 30 auf dem Hintergrund des allgemeinen Unverständnisses der Pharisäer (vgl. V. 27.31ff)? Um welche Art von „Glauben“ handelt es sich offensichtlich (vgl. Joh 2,23; 7,31)? In

welcher Hinsicht steht das Verhalten der meisten Pharisäer beispielhaft für das, was Jesus mit Finsternis bezeichnet?

11. Welche Beurteilungskriterien akzeptiert Jesus über sich, wenn nicht den Augenschein?

AUSTAUSCH

(15–30 Minuten) Wählen Sie ggf. unter den Fragen aus. Sie können das Gespräch mit einem gemeinsamen Gebet abschließen, in dem Sie auf mögliche Fragen und Anliegen Bezug nehmen, die im Gespräch deutlich geworden sind. Fragen, die nicht in der Gruppe thematisiert werden, können Ihnen auch als Anstoß dienen, zu Hause den Text vertiefend zu betrachten.

1. Wie reagieren Sie spontan auf die Aussagen Jesu in diesem Abschnitt des Johannesevangeliums?

2. Wenn Sie in der hier geschilderten Situation live dabei gewesen wären – hätten Sie in das Gespräch eingegriffen? An welcher Stelle? Mit welchem Beitrag? Welche Frage hätten Sie Jesus gerne gestellt?

3. Macht dieser Abschnitt des Johannesevangeliums es Ihnen eher leicht oder eher schwer, den Anspruch, den Jesus erhebt, zu verstehen oder anzuerkennen? Kamen Sie bereits zu der Erkenntnis, dass das, was Jesus hier über sich selbst sagt, wahr ist? Wenn ja, wie?

4. Jesus, das Licht der Welt, das Licht, das zum Leben führt – wo wird das für Sie konkret? Gibt es Situationen oder Erfahrungen in Ihrem Leben, in die Jesus Licht gebracht hat?

5. In welchen Situationen wünschen Sie sich „Licht“ in einer „Finsternis“?

6. Welche Meinungen haben Menschen aus Ihrem Bekanntenkreis von Jesus? Würden Sie ihr Denken und Verhalten mit dem Zustand der „Finsternis“ vergleichen? Wie können Sie hier „Licht“ hineinbringen?

8,12. Ein anderes Mal. Vermutlich findet diese Rede gegen Ende des Laubhüttenfestes statt (vgl. Joh 7,37ff, wo Jesus sich schon einmal auf das Fest bezieht). Denn es scheint, als ob Jesus mit dem folgenden „Ich-bin-Wort“ an die Gebräuche des Laubhüttenfestes anknüpfen wollte. **Ich bin das Licht der Welt.** Während des Festes wurden im Tempel große goldene Leuchter aufgestellt, deren Lichtschein man in ganz Jerusalem sehen konnte. Sie erinnerten an das Licht der Feuersäule, mit denen Gott den Israeliten während der Wüstenwanderung den Weg wies (2 Mo 13,21.22). Im Johannesevangelium nimmt bereits der Prolog dieses Bild auf: Christus, das Mensch gewordene Wort Gottes, scheint als „das wahre Licht, das jeden Menschen erleuchtet“ in der Finsternis der Welt (1,4.5.9). Joh 3,19 heißt es ähnlich: „Das Licht ist in die Welt gekommen, aber die Menschen lieben die Finsternis mehr als das Licht.“ Jesus bezeichnete sich als das universale Licht (Joh 1,4f.9; 3,19-21; 9,5; 12,35f.46). Dieses „wahre Licht“ strahlt nicht nur in Jerusalem (für die Juden), sondern für die ganze Menschheit (Nichtjuden). *Licht* ist bereits im AT eine metaphorische Umschreibung des Wesens Gottes (Ps 27,1; 36,10; 104,1.2; im NT: 1 Tim 6,16; Jak 1,17; 1 Joh 1,5), Ausdruck seines Glanzes (Ehre und Herrlichkeit), seiner Reinheit (Heiligkeit, Gerechtigkeit) und Klarheit (Wahrheit und Erkenntnis). Vgl. auch die messianischen Verheißungen Jes 9,1f; 42,6; 49,6; 60,1ff.19.20; Sach 14,7; Lk 2,32, in denen **Licht** wiederholt als Bild für den kommenden Retter und sein Werk benutzt wird. **wird nicht mehr in der Finsternis umherirren.** Nach Joh 1,4.5 kommt in Jesus das Licht Gottes in die Finsternis der Menschen, die ihn zumeist nicht annehmen wollen. Finsternis ist demnach die Existenz in der Abkehr von Gott; Licht ist die sich dem Menschen anbietende Nähe Gottes. Joh 3,19-21 macht ebenfalls deutlich, dass Leben in der Finsternis nicht zuerst die intellektuelle Unkenntnis meint, sondern eine Lebensführung, die Gott außer Acht lässt. **Wer mir nachfolgt… wird das Licht des Lebens haben.** Mit dieser Aussage betont Jesus den dynamischen Aspekt des Glaubens. Das Licht dient nicht nur der (statischen) Standortbestimmung und verdeutlicht eine Lage, sondern es bestimmt das weitere Handeln und erhellt den Weg, der zum Leben führt.

8,13. Du redest als Zeuge in eigener Sache. Basierend auf Aussagen im mosaischen Gesetz, erlaubte die jüdische Überlieferung nicht, dass jemand als sein eigener Zeuge auftrat. Eine Aussage, die vor einem Gericht gültig sein sollte, musste stets durch zwei oder drei Zeugen bestätigt werden (V. 17; vgl. 5 Mo 17,6; 19,15). Ein anderes Mal ging Jesus um seiner Zuhörer willen auf das Argument ein (Joh 5,31); hier allerdings besteht er zunächst auf seiner Sonderstellung als göttlicher Gesandter, der (wie die Propheten) keiner Bestätigung bedarf. **ist nicht glaubwürdig.** Im Griechischen dasselbe Wort wie *wahr* (Vers 14). Ebenso in Vers 17.

8,14. ist das, was ich sage, wahr. Der Grund für die Ablehnung des Selbstzeugnisses vor Gericht liegt darin, dass der Mensch dazu neigt, sich nicht ehrlich und unvoreingenommen zu sehen. Jesus beansprucht, dass dieses allgemeine Prinzip auf ihn nicht anwendbar sei, weil er seine Identität und seine Sendung genau kenne (s. Joh 7,28.29.33; 13,3). Die Pharisäer sehen in ihm nur den Zimmermannssohn (Joh 6,42); Jesus weiß sich dagegen von Gott bevollmächtigt und gesandt (V. 16.18.29).

8,15. Ihr urteilt nach menschlichen Maßstäben. Wörtl. *nach dem Fleisch.* **ich urteile über niemand.** Dass Jesus niemanden richtet, betont er auch in Joh 3,17 und 5,45. Dies steht aber in einer gewissen Spannung zu Joh 5,22 und 8,16, wo davon die Rede ist, dass Jesus doch ein Urteil aussprechen kann. Jesus kommt es darauf an, den Unterschied zu zeigen: Während die Pharisäer eine verachtende und verurteilende Haltung gegenüber dem Volk (Joh 7,49) und auch ihm gegenüber einnehmen, ist es das höchste Anliegen Jesu, den Menschen Licht zu sein, ihnen Rettung und Leben zu bringen. Auf der anderen Seite sprechen diejenigen sich selbst das Urteil, die ihn und seine Rettungsbotschaft ablehnen (Joh 3,16-18), denn damit lehnen sie auch den Vater ab (Joh 8,19).

8,16. mein Urteil. Auch im Johannesevangelium ist klar, dass Jesus der Richter der Welt ist. Dies steckt verborgen in seiner Selbstbezeichnung als Menschensohn (bei Johannes nur 12,34), die Jesus wegen ihrer Mehrdeutigkeit gern benutzte. Sie konnte einfach „einzelner Mensch" bedeuten oder aber den göttlichen Richter in Dan 7,13 meinen. **richtig.** Wörtl. *wahr* (Siehe Erklärung zu Vers 13).

8,17.18. (Vgl. Erklärung zu V. 13.) Obwohl Jesus aufgrund seiner uneingeschränkten Selbsterkenntnis (V. 14) eine Ausnahme von dieser Regel für sich in Anspruch nimmt, versichert er seinen Gegnern, dass der Vater selbst (V. 18) ein weiterer Zeuge für die Wahrheit seiner Botschaft ist (vgl. Joh 5,31.32).

8,17. Vergleiche 5 Mo 17,6; 19,15; 4 Mo 35,30.

8,19. Wo ist denn dein Vater? Die Nachfrage soll Jesus wohl entlarven. Jesus weist sie aber als anmaßend und oberflächlich zurück, als Beweis dafür, wie wenig seine Gegner verstehen. Die Pharisäer stellen sich gegen Jesus, das Licht der Welt, und tappen im Dunkeln, was sein Wesen und seinen Auftrag angeht (V. 14).

8,20. in der Nähe des Kastens für die Geldopfer. Wörtl. *bei der Schatzkammer.* Man befand sich also direkt dort, wo die großen Leuchter aufgestellt waren (s. Erklärung zu V. 12), im sog. Frauenvorhof, dem größten Platz des Tempels, zu dem alle Zugang hatten. Die Reden Jesu hatten Öffentlichkeitscharakter. **Aber niemand nahm ihn fest.** Der richtige, göttliche Zeitpunkt ist noch nicht gekommen. Vgl. Joh 7,30; 7,44.

8,21. Ich werde fortgehen ... könnt ihr nicht hinkommen;. Jesus deutet seine Rückkehr zum Vater an (Joh 7,33.34). Es ist gut möglich, dass das Fest sich seinem Ende zugeneigt hatte und allgemeine Aufbruchsstimmung herrschte. Vielleicht meinten die Pharisäer deshalb, Jesus spräche von seiner Rückkehr nach Galiläa. *Dorthin* hätten sie auch gelangen können, also musste Jesus von etwas anderem sprechen.

8,22. Will er sich etwa das Leben nehmen? Selbstmord galt im Judentum als eine Sünde, die vom Reich Gottes ausschloss. – Ein vordergründiges Missverständnis, dass dennoch unbeabsichtigt eine richtige Spur enthält. Zwar nahm sich Jesus nicht das Leben, aber er gab es freiwillig hin (Joh 10,17.18).

8,24. der ich bin. Wieder erklingt das göttliche „Ich bin" in absoluter Form (so auch in V. 28; vgl. Einleitung zu Joh 4,26; außerdem 6,20 und 6,35). Jesus macht ganz klar, dass er und der Vater eine Einheit bilden. Außerdem warnt er seine Gegner eindringlich, dass sie in ihren Sünden sterben werden, weil sie dem Mensch gewordenen Sohn Gottes begegnet waren und sich weigerten, ihm Glauben zu schenken.

8,25. Darüber habe ich doch von Anfang an zu euch gesprochen. Wörtl. *Wozu rede ich überhaupt noch mit euch?*

8,26. und was er sagt, ist wahr. Wörtl. *und er ist wahr/wahrhaftig.*

8,28. wenn ihr den Menschensohn erhöht habt. In diesem Zusammenhang bezieht sich der Begriff **erhöhen** vorrangig auf die Kreuzigung. Oft wird er im Johannesevangelium mehrdeutig gebraucht, d. h. er kann sich sowohl auf die Kreuzigung als auch auf Auferstehung und Himmelfahrt beziehen (vgl. Joh 3,14; 12,32-34 und die Erklärung zu Joh 6,62). Beide Ereignisse sind Stationen auf dem Weg Jesu zum Vater (vgl. V. 21). Bis es so weit ist, sind Jesu Wesen und Bedeutung noch verborgen. Doch nach seinem „Weggehen" zum Vater wird der Geist gesandt, der den Menschen die Augen dafür öffnen wird, wer Jesus in Wahrheit ist.

Die Tür zu den Schafen

1 Johannes 10,1-10

3

EINSTIEG

(15–20 Minuten) Wählen Sie bitte eine oder zwei Fragen aus.

1. Welche Empfindungen lösen die folgenden Redewendungen in Ihnen aus: Offene Türen einrennen ... Jemandem die Tür ins Gesicht schlagen ... Die Tür angelehnt lassen ... Gegen verschlossene Türen trommeln ... Tür und Tor sperrangelweit offen lassen ... Türen aushängen... Zwischen Tür und Angel.
2. Welche Türen, durch die Sie gegangen sind, haben für Sie eine besondere Bedeutung?
3. Welche Verfahren kennen Sie, um Zutritt zu einer Gruppe zu erlangen?
4. Haben Sie ein Haustier? Erkennt es Ihre Stimme? Beschreiben Sie das Verhalten Ihres „Lieblings", wenn Sie nach längerer Abwesenheit nach Hause kommen.

BIBELTEXT

Zusammenhang: Die Auseinandersetzungen darüber, wer Jesus ist, setzen sich in Kapitel 8 fort. Kapitel 9 spitzt die Frage nach der Autorität Jesu zu, indem es von der Heilung eines von Geburt an Blinden berichtet, die seinem Anspruch, „Licht der Welt" zu sein, einen anschaulichen „Beweis" hinzufügt und damit der Diskussion um seine Vollmacht und seine Person neue Nahrung gibt. Darin erweisen sich die Pharisäer als die eigentlich Blinden. In der „Hirtenrede" in Kapitel 10 geht es, anders als bei den bisherigen Ich-bin-Worten nicht mehr nur um die Frage nach der Person Jesu. Es geht nun um seine Beziehung zu denen, die ihm glauben, und auch um den Charakter seiner Gegner, die im Unglauben ihm gegenüber verharren.

Das Bild vom Hirten und seinen Schafen

1 „Ich sage euch: Wer nicht durch die Tür in den Schafstall hineingeht, sondern auf einem anderen Weg eindringt, der ist ein Dieb und ein Räuber. 2 Der
Hirte geht durch die Tür zu den Schafen. 3 Ihm macht der Wächter auf, und auf
seine Stimme hören die Schafe. Er ruft die Schafe, die ihm gehören, einzeln
beim Namen und führt sie hinaus. 4 Wenn er dann alle Schafe, die ihm gehören, hinausgelassen hat, geht er vor ihnen her, und sie folgen ihm, weil sie

seine Stimme kennen. [5] Einem Fremden werden sie nicht folgen; sie laufen
vor ihm davon, weil sie seine Stimme nicht kennen."
[6] Die Zuhörer Jesu verstanden nicht, was er ihnen mit diesem Vergleich
sagen wollte.

Jesus Christus – die Tür zu den Schafen

[7] Deshalb fuhr Jesus fort: „Ich sage euch: Ich bin die Tür zu den Schafen.
[8] Alle, die vor mir gekommen sind, sind Diebe und Räuber. Aber die Schafe
haben nicht auf sie gehört.
[9] Ich bin die Tür. Wenn jemand durch mich eintritt, wird er gerettet werden.
Er wird ein- und ausgehen und gute Weide finden. [10] Der Dieb kommt nur, um
die Schafe zu stehlen und zu schlachten und um Verderben zu bringen. Ich
aber bin gekommen, um ihnen Leben zu bringen – Leben in ganzer Fülle."

BIBELGESPRÄCH

(30–45 Minuten) Wählen Sie ggf. unter den Fragen aus.

1. Was wissen Sie über Schafe? Für wie intelligent halten Sie sie? Welche Vorsorge würden Sie als guter Schäfer treffen, um ihre Schafe nachts vor Räubern zu schützen?

2. Welche Aussagen macht Jesus in dieser Rede über seine Schafe (V. 3-5) und über sich selbst (V. 7-9)? Was sollen diese bildlichen Aussagen verdeutlichen?

3. Wie reagieren die Schafe auf die Stimme des Hirten? Inwiefern wirft das ein Licht auf das Unverständnis der Pharisäer gegenüber Jesus?

4. Was meint Jesus, wenn er sich mit der Tür zu den Schafen vergleicht?

5. Welche Motive benennt Jesus bei „Dieben und Räubern"? Was meint er konkret damit?

6. Was hat das Schaf von der Benutzung der Tür? Was bedeutet das in der Praxis? Was hat der Hirte von der Benutzung der Tür?

7. Wie würden Sie V. 10 mit eigenen Worten wiedergeben?

1. Würden Sie von sich sagen, dass Sie die Stimme des „Hirten“ kennen oder bereits gehört haben? Wie intensiv haben Sie das erlebt?

2. Wie unterscheiden Sie die Stimme Jesu von den vielen anderen „Stimmen”, die um Ihre Aufmerksamkeit wetteifern?

3. Welche „Türen zum Leben“ haben Sie schon durchschritten?

4. Welche falschen Zugänge zur Gemeinde Jesu gibt es Ihrer Meinung nach für Schafe / Hirten? Welche leichten Zugänge gibt es für „Räuber“?

5. Sehen Sie sich in Ihrem Leben „Dieben und Räubern“ ausgesetzt, die das Leben in Fülle, das Jesus verheißt, beeinträchtigen wollen? Wer oder was ist das?

6. In welchen Bereichen Ihres Lebens wünschen Sie sich „offene Türen“? Sehen Sie einen Bezug zu dem Wort Jesu: „Ich bin die Tür“? Wohin gelangen Sie, wenn Sie Jesus als „Zugang“ wählen?

AUSTAUSCH

(15–30 Minuten) Wählen Sie ggf. unter den Fragen aus. Sie können das Gespräch mit einem gemeinsamen Gebet abschließen.

ERLÄUTERUNGEN

10,1. Schafstall. Konnte eine Herde abends nicht nach Hause zurückgetrieben werden, ließ man sie mit anderen kleineren Herden zusammen in einem gemeinsamen Pferch (ein ummauerter Hof) übernachten. Nicht alle Hirten, sondern ein Türhüter bewachte die Schafe im Pferch dann in der Nacht. Am Morgen fanden sich die Hirten der verschiedenen Herden beim Türhüter ein, um ihre Herde auf die Weide zu führen.

10,2. durch die Tür. Dies war der reguläre Zugang für die rechtmäßig beauftragten Hirten, um ihre Schafe nach der Nacht abzuholen und auf die Weide zu führen.

10,3. der Wächter. Wörtl. *Türhüter.* Jesus vergleicht sich sowohl mit der Tür als auch mit dem Hirten (V. 7.11; s. dazu Einheit 5); die Figur des Wächters wird nicht gedeutet (vielleicht ist Gott gemeint). Im Unterschied zu einer Allegorie hat nicht jede Einzelheit in der Hirtenrede eine Bedeutung von Gewicht, sondern es gibt einige wenige Vergleichspunkte, auf die es ankommt. **einzeln beim Namen.** Da mehrere Herden in einem Stall untergebracht sein konnten, pflegten die Hirten jedem Schaf einen Namen zu geben, um so ihre Herde aus der Masse der Schafe sammeln zu können, wenn es wieder auf die Weiden ging. Namensgebung ist im biblischen Kontext Recht des Eigentümers und damit Ausdruck einer Eigentumserklärung (vgl. Jes 43,1).

10,4. sie folgen ihm. Nach der rechtmäßigen Abholung der Schafe an der Tür zeigt sich an der Vertrautheit und daran, dass die Schafe dem Hirten bereitwillig folgen, dass es der richtige Hirte ist, der ihnen vorangeht.

10,5. seine Stimme. Wörtl. *die Stimme der Fremden.*

10,6. Die Zuhörer. Es ist nicht ganz klar, zu wem genau Jesus spricht. Aus dem zweiten Teil der Hirtenrede ab V. 11, dem Fehlen einer Anrede (etwa an die Jünger) und der Reaktion der „Juden" (V. 19) ist aber deutlich, dass Jesus nicht nur zu seinen Nachfolgern spricht. Wenn er hier besonders die Vertrautheit der Schafe mit dem rechtmäßigen Hirten beschreibt, ist dies nicht nur Bestätigung für die Jünger, sondern auch Aufforderung und Einladung an die übrigen Zuhörer. **verstanden nicht, was er ihnen mit diesem Vergleich sagen wollte.** Die Rede Jesu ist zugleich Enthüllung und Verhüllung einer Wahrheit. Die Frage nach dem rechtmäßigen Zugang zur Herde (ein altes Bild für das Volk Gottes; Jes 40,11) ist den Zuhörern nicht klar.

10,7. Ich bin die Tür zu den Schafen. Dieses Bildwort ähnelt in seiner Bedeutung zwar dem von Joh 14,6 (der *Weg* zu Gott). Der richtige Zugang zur Herde Gottes, zu seinem Volk, zu seinem Reich erfolgt über Jesus. Wer zu dieser Herde gehören will, muss den richtigen Eingang wählen (V. 9). Der Vergleichspunkt ist aber an dieser Stelle vor allem, dass ein Hirte oder Führer des Volkes autorisiert sein muss, sein Hirtenamt auszuüben: die Schafe auf gute und nahrhafte Weide zu führen. Jesus sieht in sich selbst diesen einzig richtigen Zugang zu Gottes Volk. Er ist der Mensch gewordene Rettungswille Gottes, der alles – zuletzt sich selbst – zum Wohl der Herde einsetzt.

10,8. Diebe und Räuber. Der Textzusammenhang zeigt, dass Jesus auf die jüdischen religiösen Autoritäten anspielt (vgl. Joh 2,14.15; Hes 34,1-6). Doch ist hier nicht nur an materiellen Diebstahl zu denken, sondern auch an geistlichen Raub: „schlachten und Verderben bringen" (V. 10). Sie machen jeden echten geistlichen Aufbruch im Volk zunichte (vgl. Mi 3) und führen in die Irre (Jes 9,15). Jesus spricht sich damit nicht gegen Mose oder die Propheten als geistliche Führer aus (Mt 5,17), die er hoch schätzte. Eher entspricht diese Kritik den Vorwürfen, die Jesus an die Schriftgelehrten richtet, wie etwa in Lk 11,46.52: „Ja, wehe auch euch Gesetzeslehrern! Ihr bürdet den Menschen Lasten auf, die man kaum tragen kann, aber ihr selbst rührt diese Lasten mit keinem Finger an ... Ihr habt den Schlüssel der Erkenntnis weggenommen. Selbst seid ihr nicht eingetreten, und die, die eintreten wollten, habt ihr daran gehindert."

10,9. Ich bin die Tür. Jesus bringt seinen Anspruch in absoluter Ausschließlichkeit vor (vgl. V. 8: „alle, die vor mir gekommen sind, sind Diebe und Räuber"). Er ist der einzige Bevollmächtigte des Vaters im Himmel, die Herde Gottes, sein Volk, zu weiden und damit zu retten. Er kann durch diese Tür ein- und ausgehen, und er wird saftig grüne Weiden finden. Aber Jesus ist auch der einzige Zugang zur Herde Gottes: Nur in ihm steht der Zugang zum wahren Leben („gute Weide") offen.

10,10. gekommen, um ihnen Leben zu bringen. Wörtl. *gekommen, damit sie Leben haben und Überfluss haben.* Im Gegensatz zu den selbstsüchtigen Räubern und Verderbern bringt Jesus das wahre, das göttliche Leben (Joh 3,16; 4,14; 5,21.24; 6,40.47; 8,51). **Leben in ganzer Fülle.** Das ewige Leben meint nicht nur unvergängliches, zeitlich unbegrenztes Leben, sondern vor allem die Qualität dieses Lebens. Es ist Leben, wie Gott es ursprünglich gemeint hat. Es ist das wahre Leben, weil es die Gemeinschaft mit Gott ermöglicht, zu der der Mensch von Anbeginn der Schöpfung an bestimmt war. Es ist göttliches Leben, das den Tod überdauert. Es ist erfülltes Leben, weil der Glaubende Gottes Liebe und Güte erlebt und an seinem Reichtum teilhat. Die Fülle dieses Lebens hatte Jesus auch schon durch die Bilder vom Wasser, das allen Durst, und vom Brot, das allen Hunger stillt, angesprochen (Joh 4,14; 6,35; vgl. Joh 6,13).

Der gute Hirte

Johannes 10,1-30

4

EINSTIEG

(15–20 Minuten)
Wählen Sie bitte eine oder zwei Fragen aus.

1. Was ist das riskanteste Wagnis, das Sie in Ihrem Leben bisher eingegangen sind?

2. Was gibt Ihnen in Ihrem Leben ein Gefühl von Sicherheit?

3. Haben Sie schon einmal mit jemandem diskutiert, dessen Standpunkt von vornherein feststand? Wie engagiert sind Sie in einem solchen Gespräch?

BIBELTEXT

Zusammenhang: Der Text schließt sich unmittelbar an die Bildrede von der „Tür" an.

Das Bild vom Hirten und seinen Schafen

[11] „Ich bin der gute Hirte. Ein guter Hirte ist bereit, sein Leben für die Schafe
herzugeben. [12] Einer, der gar kein Hirte ist, sondern die Schafe nur gegen
Bezahlung hütet, läuft davon, wenn er den Wolf kommen sieht, und lässt die
Schafe im Stich, und der Wolf fällt über die Schafe her und jagt die Herde auseinander. [13] Einem solchen Mann, dem die Schafe nicht selbst gehören, geht
es eben nur um seinen Lohn; die Schafe sind ihm gleichgültig.

[14] Ich bin der gute Hirte. Ich kenne meine Schafe, und meine Schafe kennen
mich, [15] genauso, wie der Vater mich kennt und ich den Vater kenne. Und ich
gebe mein Leben für die Schafe her.

[16] Ich habe auch noch Schafe, die nicht aus diesem Stall sind. Auch sie
muss ich herführen; sie werden auf meine Stimme hören, und alle werden
eine Herde unter *einem* Hirten sein.

[17] Der Vater liebt mich, weil ich mein Leben hergebe. Ich gebe es her, um
es wieder zu empfangen. [18] Niemand nimmt es mir; ich gebe es freiwillig her.
Ich habe die Macht, es herzugeben, und ich habe die Macht, es wieder zu
empfangen. Das ist der Auftrag, den ich von meinem Vater bekommen habe."

[19] Wegen dieser Worte kam es erneut zu einer Spaltung unter den Juden.
[20] Viele von ihnen sagten: „Er ist von einem Dämon besessen! Er ist verrückt.
Warum hört ihr ihm überhaupt noch zu?" [21] Andere aber meinten: „So redet
kein Besessener. Kann etwa ein Dämon Blinde sehend machen?"

In der Hand des Hirten geborgen.
Die Einheit von Vater und Sohn

22 Es war Winter. In Jerusalem feierte man das Fest der Tempelweihe. 23 Jesus
war im Tempel; er hielt sich in der Halle Salomos auf. 24 Da umringten ihn die
Juden und sagten: „Wie lange lässt du uns noch im Ungewissen? Wenn du der
Messias bist, dann sag es uns offen!“

25 Jesus entgegnete: „Ich habe es euch bereits gesagt, doch ihr glaubt mir
nicht. Alles, was ich im Namen meines Vaters tue, zeigt, wer ich bin. 26 Aber
ihr gehört nicht zu meinen Schafen, darum glaubt ihr nicht. 27 Meine Schafe
hören auf meine Stimme. Ich kenne sie, und sie folgen mir, 28 und ich gebe
ihnen das ewige Leben. Sie werden niemals verloren gehen, und niemand
wird sie aus meiner Hand reißen. 29 Mein Vater, der sie mir gegeben hat, ist
größer als alles; niemand kann sie aus der Hand des Vaters reißen. 30 Ich und
der Vater sind eins.“

BIBELGESPRÄCH

(30–45 Minuten) Wählen Sie ggf. unter den Fragen aus.

1. Welche Stimmung herrschte wohl während des Tempelweihfestes (einem Fest zur Erinnerung an die Wiedereinweihung des Tempels; 165 v. Chr. – nach seiner Entweihung durch Antiochus Epiphanes im Jahr 168 v. Chr.) im Volk und unter den Römern?

2. Was motiviert die jüdischen Führer zu ihrer Aufforderung, Jesus solle offen sagen, ob er der Messias sei (V. 24)?

3. Was ist die Aufgabe eines Hirten? Wofür ist er zuständig?

4. Das Bild vom Hirten und der Herde, das Jesus hier verwendet, hat Anklänge an alttestamentliche Texte, in denen Gott als der „Hirte Israels“ bezeichnet oder beschrieben wird (vgl. Ps 23; Ps 80,2; Jes 40,9-11). Es spielt außerdem auf Gottes Verheißung an, Israel einen „wahren Hirten“ zu senden (vgl. Hes 34,23). Welchen Anspruch erhebt Jesus, indem er dieses Bild aufnimmt?

5. Warum setzt der gute Hirte sein Leben für seine Schafe aufs Spiel? Finden Sie diese Aussage realistisch?

6. Warum flieht der angestellte Wächter, dem die Schafe nicht gehören? Wen und was meint Jesus damit?

7. Wie beschreibt Jesus das Verhältnis zwischen Hirte und Schafen (V. 14.15)? Was besagt das über die Beziehung zwischen Jesus und den Menschen, die ihm vertrauen?

8. Wer sind die „Schafe, die nicht aus diesem Stall sind“ (V. 16)? Was zeichnet die Herde aus, die Jesus um sich sammelt?

9. Wie passt das, was Jesus in V. 17.18 über seinen Auftrag sagt, zum Bild vom Hirten und der Herde? Was erscheint Ihnen bei diesen letzten Selbstaussagen von Jesus besonders wichtig?

AUSTAUSCH

(15–30 Minuten) Wählen Sie ggf. unter den Fragen aus. Sie können das Gespräch mit einem gemeinsamen Gebet abschließen.

1. Der Hirte und seine Herde – welche Emotionen und Vorstellungen weckt dieses Bild in Ihnen? Sind es hilfreiche Assoziationen, oder verstellen sie Ihnen eher den Blick auf Jesus?

2. Welches Ziel erscheint Ihnen so lohnend, dass Sie sich daran ganz und gar „verlieren“ könnten? Wofür könnten Sie Ihr Leben einsetzen oder hingeben?

3. Warum gibt sich Jesus so viel Mühe, Menschen zu überzeugen, die anscheinend gar nicht verstehen wollen? Wie ausdauernd sind Sie im Gespräch mit Kritikern des Glaubens?

4. Woran machen Sie fest, dass Jesus den Anspruch, der „gute Hirte“ zu sein, zu Recht erhebt? Was veranlasst Sie dazu, sich seiner Führung anzuvertrauen?

10,11. Ich bin der gute Hirte. Jesus hebt sich bewusst gegenüber anderen Hirten qualitativ ab. Zugleich erinnert seine Aussage stark an Davids Psalm 23, in dem Gott selbst als Hirte bezeichnet wird. Von dort aus wurde das Bild auch auf die Führer in Israel übertragen, die im Ersten Testament aber auch immer wieder als schlechte Hirten getadelt wurden (Hes 34). Ein guter Hirte setzt sein Leben für die Schafe ein. Kennzeichen des guten Hirten ist sein mutiger Einsatz für seine Schafe (vgl. David, der mit Löwen und Bären kämpfte, um seine Herde zu schützen; 1 Sam 17,34). Das Risiko scheint beinahe unverhältnismäßig groß.

10,12. der die Schafe nur gegen Bezahlung hütet. Im Gegensatz zum guten Hirten (1 Sam 17,34.35) bringt sich der bezahlte Hüter bei Gefahr eher selbst in Sicherheit und lässt die Herde im Stich. Jesus tadelt dieses verständliche und natürliche Verhalten indirekt, indem er die rein finanziellen Beweggründe des Hüters und den Schaden, der entsteht, benennt. **der Wolf fällt über die Schafe her.** Im Griechischen ist das Wort für „herfallen" dasselbe Wort wie für „reißen" (vgl. V. 28.29).

10,13. die Schafe sind ihm gleichgültig. Er hat die Schafe nicht aufgezogen, kennt sie nicht (V. 3), hat keine besondere Beziehung zu ihnen.

10,14. Ich kenne meine Schafe. Kennen ist hier gleichbedeutend mit „lieben" (so auch in V. 15; vgl. die liebevolle Beschreibung des Umgangs zwischen Hirte und Lamm in Jes. 40,11).

10,15. ich gebe mein Leben. Noch einmal und ausdrücklicher als in V. 11 betont Jesus seinen rückhaltlosen Einsatz für seine Schafe. Diese Ausdrucksweise (vgl. Joh 17,19) unterstreicht, dass Jesus aus eigenem freien Willen sein Leben hingibt (V. 18). Niemand nahm Jesus das Leben; er gab es aus eigenem Entschluss hin, um dem Auftrag, den er nach dem Willen Gottes ausführte, bis zum Schluss treu zu bleiben.

10,14.15. Die beiden Verse stellen das Verhältnis des Hirten zu seinen Schafen dem Verhältnis des Vaters zum Sohn gleich. Sie machen deutlich, dass das Bildwort allein der Liebe Jesu nicht gerecht werden kann. Wo selbst den besten irdischen Hirten letztlich die Nutzung der Herde interessiert, geht es Jesus in wirklicher Liebe um den „Nutzen" für seine Jünger, um das wahre Leben für sie.

10,16. Schafe, die nicht aus diesem Stall sind. Das Johannesevangelium stellt immer wieder heraus, dass Jesus nicht nur zu Israel als guter Hirte gesandt ist, sondern zur ganzen Welt (z. B. 1,9.29; 3,16; 4,42). ***eine* Herde unter *einem* Hirten.** Die Gemeinde der an Jesus Glaubenden ist ein Modell der Einheit über Grenzen aller Art hinweg, indem alle der Stimme des einen großen Hirten folgen (Joh 11,52; 17,21ff; Eph 2,11-22; 4,3-6). Schon im AT ist dies als Gottes Plan vorgesehen (Ps 86,9; Jes 49,6; Sach 2,15). In der Praxis war die Überwindung der Grenzen zwischen Judenchristen und Heidenchristen ein großer Schritt (Apg 15).

10,17. weil ich mein Leben hergebe. Der Wille und Auftrag des Vaters (3,16) ist zugleich Wille Jesu (Mt 26,42). Der freie Willensentschluss Jesu verdeutlicht seine Liebe zum Vater und zugleich zu den Menschen, für die er sein Leben gibt. **um es neu zu empfangen.** Ein Hinweis auf die Auferstehung Jesu (wie auch an anderen Stellen im Johannesevangelium, vgl. 2,19; 6,62; 14,3.18.28; 16,22; s. auch 5,26; 6,39).

10,18. ich gebe es freiwillig her. Aus freiem Willen – einwilligend in den Auftrag des Vaters (V. 17); nicht gezwungen durch die Feindschaft der Gegner (Joh 19,11).

10,19. unter den Juden. Damit sind wieder die Pharisäer gemeint, die von Joh 9,40 an unter den Zuhörern Jesu sind. In Joh 9,16 wurde schon deutlich, dass sich die Pharisäer durchaus nicht einig waren, wie sie Jesus und sein Auftreten und Wirken beurteilen sollten.

10,20. Er ist verrückt. Wohl speziell der Gedanke der freiwilligen Lebenshingabe im Gehorsam gegen den Auftrag Gottes erscheint einigen verrückt.

10,21. So redet kein Besessener! Schon früher hatten die Worte Jesu manche seiner Gegner tief beeindruckt (7,46). **Kann etwa ein Dämon Blinde sehend machen?** Die im vorangehenden Kapitel berichtete Heilung eines von Geburt an Blinden (Joh 9,1-34) hatte großes Aufsehen erregt. Die Meinungen über Jesus gingen extrem auseinander. Dass seine Worte und Taten sich wechselseitig bestätigten, wollten viele nicht wahrhaben.

10,22. Fest der Tempelweihe. Dieses Fest („Chanukka") erinnert an die Befreiung Jerusalems (insbesondere des Tempels) durch Judas Makkabäus im Jahr 165 v. Chr. Drei Jahre zuvor hatte der seleukidische (hellenistisch-syrische) Herrscher Antiochus Epiphanes den Tempel entweiht, indem er ein Schwein auf dem Altar opfern und eine Statue des griechischen Gottes Zeus im Allerheiligsten aufrichten ließ. Alle Äußerungen jüdischer Religion waren bei Todesstrafe verboten worden. Nationalstolz und religiöser Eifer waren in jener Zeit übergeschäumt. Die Römer griffen deshalb während ihrer Herrschaft über Israel auch sehr hart durch, sobald sich irgendwo auch nur der geringste Widerstand regte, um jede Rebellion im Keim zu ersticken. Auf diesem Hintergrund versuchen die Pharisäer, Jesus dazu zu verleiten, sich selbst als Messias auszurufen (V. 24). Das würde den römischen Behörden gar nicht gefallen, und bei der geringsten Unruhe im Volk würden sie eingreifen und ihn festnehmen.

10,23. Halle Salomos. Diese lang gestreckte überdachte Säulenhalle an der Ostseite des Tempels stand auf einem Fundament, von dem man glaubte, es sei ein Überrest des ursprünglichen Tempels König Salomos gewesen.

10,24. Wenn du der Messias bist, dann sag es uns offen! Das ist offensichtlich nur eine Falle (s. Erklärung zu V. 22). Zum Fest der Tempelweihe waren die Römer sicherlich besonders wachsam gegenüber selbst ernannten Messiassen.

10,25. Alles, was ich im Namen meines Vaters tue, zeigt, wer ich bin. Wörtl. *Die Werke, die ich im Namen meines Vaters tue, die legen Zeugnis von mir ab.* Jesus antwortet weder mit Ja noch mit Nein, sondern gibt zu verstehen, dass bereits durch die Zeichen, die er gewirkt hat, zur Genüge offenbar geworden ist, wer er ist. Die geistlich Sehenden verstanden diese Botschaft; die geistlich Blinden dagegen würden auch alle weiteren Erklärungen falsch oder gar nicht verstehen. Ehrlichen Fragen und Zweifeln gegenüber ist Jesus aber immer zu einer Antwort bereit (vgl. Joh 1,46-49; 3,1ff; 20,24-28; Lk 7,22).

10,28. niemand wird sie aus meiner Hand reißen. Im Einklang mit V. 1-5 bekräftigt Jesus, dass keine Macht der Welt stark genug ist, Menschen, die zu ihm gehören, aus dieser Verbindung herauszureißen. Ewiges Leben ist hier gleichbedeutend mit einer Existenz in der „Hand" Jesu, das meint in seiner Nähe, unter dem Schutz seiner Macht.

10,29. niemand kann sie aus der Hand des Vaters reißen. Die parallelen Aussagen „meine Hand" – „Hand meines Vaters" bereiten den Boden für die grundsätzliche Feststellung der Einheit von Vater und Sohn in V. 30.

10,30. Ich und der Vater sind eins. Nachdem Jesus zunächst der Frage ausgewichen war, ob er der Messias sei oder nicht, gibt er hier eine klare Antwort (mit der er die Kontroverse um ihn allerdings noch anheizt). Zugleich präzisiert er sein Selbstverständnis. Anders als von den Juden erwartet, ist er als Messias nicht nur ein von Gott beauftragter und bevollmächtigter Mensch. Die Erkenntnis, dass in ihm Gott selbst zu seinem Volk gekommen ist, wächst auch in den Jüngern nur langsam und stückweise. Sie bricht erst mit seiner Auferstehung ganz durch (20,28).

5 Die Auferstehung und das Leben

Johannes 11,1-46

EINSTIEG

(15–20 Minuten)
Wählen Sie bitte eine oder zwei Fragen aus.

1. Wie groß ist Ihr persönlicher Spannungsbogen in Situationen, die Sie gern verändern würden? Geben Sie sich eine Note im Fach „Geduld“ (1 = sehr geduldig; 6 = äußerst ungeduldig).

2. „Leben ist, wenn ...“ Wie würden Sie den Satz beenden?

3. Welche Vorstellungen haben Sie vom Tod? Gibt es ein Danach? Was beschäftigt Sie am meisten, wenn Sie an Ihren eigenen Tod denken?

4. Waren Sie schon einmal in einer Situation, in der das Wohlergehen eines anderen von Ihrem Verhalten abhing? Wie schnell haben Sie gehandelt?

BIBELTEXT

Zusammenhang: Der Schlusssatz der „Hirtenrede“ in Kap. 10 („Ich und der Vater sind eins“) führt zum Vorwurf der Gotteslästerung, der Jesus unmittelbar in Lebensgefahr bringt. Jesus zieht sich auf die andere Seite des Jordans zurück und hält sich einige Zeit dort auf. Hier erreicht ihn die Nachricht von Maria und Marta von der Krankheit seines Freundes Lazarus.

Krankheit und Tod des Lazarus

1 Lazarus, ein Mann aus Betanien, dem Ort, in dem Maria mit ihrer Schwester
Martha wohnte, war erkrankt. 2 Maria war jene Frau, die den Herrn mit Salböl
gesalbt und ihm mit ihrem Haar die Füße getrocknet hat, und Lazarus, der
krank geworden war, war ihr Bruder. 3 Die beiden Schwestern ließen Jesus
ausrichten: „Herr, der, den du lieb hast, ist krank.“
4 Als Jesus das hörte, sagte er: „Am Ende dieser Krankheit steht nicht der
Tod, sondern die Herrlichkeit Gottes. Der Sohn Gottes soll durch sie in seiner
Herrlichkeit offenbart werden.“ 5 Jesus hatte Martha und ihre Schwester und
auch Lazarus sehr lieb. 6 Als er nun wusste, dass Lazarus krank war, blieb er
noch zwei Tage an dem Ort, wo er die Nachricht erhalten hatte. 7 Dann sagte
er zu seinen Jüngern: „Wir wollen wieder nach Judäa gehen!“
8 „Rabbi“, wandten sie ein, „vor kurzem haben die Juden dort noch versucht, dich zu steinigen, und jetzt willst du wieder dahin zurückkehren?“

9 Jesus erwiderte: „Es ist doch zwölf Stunden am Tag hell, oder nicht? Wenn
jemand seinen Weg geht, während es Tag ist, stößt er nirgends an, weil er das
Licht dieser Welt sieht. 10 Wenn jemand aber in der Nacht unterwegs ist, stößt
er sich, weil das Licht nicht in ihm ist.“

11 Nachdem Jesus den Einwand seiner Jünger auf diese Weise beantwortet
hatte, sagte er: „Unser Freund Lazarus ist eingeschlafen. Aber ich gehe jetzt
zu ihm, um ihn aufzuwecken.“ – 12 „Herr, wenn er schläft, wird er wieder gesund“, sagten die Jünger, 13 die dachten, er rede vom gewöhnlichen Schlaf;
in Wirklichkeit sprach er davon, dass Lazarus gestorben war. 14 Da erklärte er
ihnen offen: „Lazarus ist gestorben. 15 Aber euretwegen bin ich froh, dass ich
nicht dort war, weil ihr auf diese Weise an mich glauben werdet. Doch jetzt
wollen wir zu ihm gehen!“ – 16 „Ja, lasst uns mitgehen, um mit ihm zu sterben“, sagte Thomas, auch Didymus genannt, zu den anderen Jüngern.

Jesus Christus – die Auferstehung und das Leben

17 Als Jesus nach Betanien kam, erfuhr er, dass Lazarus schon vor vier Tagen
begraben worden war. 18 Betanien war nur etwa drei Kilometer von Jerusalem entfernt, 19 und viele Juden aus der Stadt waren zu Martha und Maria
gekommen, um sie in ihrem Leid zu trösten. 20 Als Martha hörte, dass Jesus
auf dem Weg zu ihnen war, ging sie ihm entgegen; Maria aber blieb zu Hause.
21 „Herr“, sagte Martha zu Jesus, „wenn du hier gewesen wärst, wäre mein
Bruder nicht gestorben! 22 Aber auch jetzt weiß ich: Was immer du von Gott
erbittest, wird er dir geben.“ – 23 „Dein Bruder wird auferstehen“, gab Jesus
ihr zur Antwort. 24 „Ich weiß, dass er auferstehen wird“, erwiderte Martha.
„Das wird an jenem letzten Tag geschehen, bei der Auferstehung der Toten.“

25 Da sagte Jesus zu ihr: „Ich bin die Auferstehung und das Leben. Wer an
mich glaubt, wird leben, auch wenn er stirbt. 26 Und wer lebt und an mich
glaubt, wird niemals sterben. Glaubst du das?“ – 27 „Ja, Herr“, antwortete
Martha, „ich glaube, dass du der Messias bist, der Sohn Gottes, der in die
Welt kommen soll.“

28 Danach ging sie weg, um ihre Schwester Maria zu holen. „Der Meister ist
da und lässt dich rufen!“, sagte sie leise zu ihr. 29 Als Maria das hörte, stand
sie schnell auf, um zu Jesus zu gehen. 30 Jesus war noch nicht ins Dorf hi-
neingegangen, sondern war immer noch dort, wo Martha ihn getroffen hatte.
31 Die Juden, die bei Maria im Haus waren, um sie zu trösten, sahen, wie sie
plötzlich aufsprang und hinauseilte. Sie dachten, sie wolle zum Grab gehen,
um dort zu weinen, und folgten ihr.

32 Sowie Maria an den Dorfeingang kam und Jesus erblickte, warf sie sich
ihm zu Füßen und rief: „Herr, wenn du hier gewesen wärst, wäre mein Bruder nicht gestorben!“ 33 Beim Anblick der weinenden Frau und der Juden, die
sie begleiteten und mit ihr weinten, erfüllten ihn Zorn und Schmerz. Bis ins
Innerste erschüttert, 34 fragte er: „Wo habt ihr ihn begraben?“ Die Leute ant-

worteten: „Herr, komm mit, wir zeigen es dir!“ [35] Jesu Augen füllten sich mit
Tränen. [36] „Seht, wie lieb er ihn gehabt hat!“, sagten die Juden. [37] Und einige
von ihnen meinten: „Er hat doch den Mann, der blind war, geheilt. Hätte er da
nicht auch machen können, dass Lazarus nicht stirbt?“

Die Auferweckung des Lazarus

[38] Während Jesus nun zum Grab ging, erfüllten ihn von Neuem Zorn und
Schmerz. Lazarus lag in einem Höhlengrab, dessen Eingang mit einem großen Stein verschlossen war. [39] „Wälzt den Stein weg!“, befahl Jesus. „Herr“,
wandte Martha, die Schwester des Verstorbenen, ein, „er ist doch schon vier
Tage tot; der Leichnam riecht schon!“ [40] Aber Jesus sagte zu ihr: „Habe ich dir
nicht gesagt: Wenn du glaubst, wirst du die Herrlichkeit Gottes sehen?“

[41] Man nahm nun den Stein vom Eingang weg. Jesus richtete den Blick zum
Himmel und sagte: „Vater, ich danke dir, dass du mich erhört hast. [42] Ich
weiß, dass du mich immer erhörst. Aber wegen all der Menschen, die hier
stehen, spreche ich es aus; ich möchte, dass sie glauben, dass du mich gesandt hast.“ [43] Danach rief er mit lauter Stimme: „Lazarus, komm heraus!“
[44] Der Tote trat heraus, Füße und Hände mit Grabbinden umwickelt und das
Gesicht mit einem Tuch verhüllt. „Befreit ihn von den Tüchern und lasst ihn
gehen!“, befahl Jesus den Umstehenden.

Der Beschluss des Hohen Rates: Einer muss für alle sterben

[45] Viele von den Juden, die zu Maria gekommen waren, um sie zu trösten,
glaubten an Jesus, als sie das Wunder sahen, das er an Lazarus tat. [46] Einige
aber gingen zu den Pharisäern und berichteten ihnen, was Jesus getan hatte.

BIBELGESPRÄCH

(30–45 Minuten)
Wählen Sie
ggf. unter den
Fragen aus.

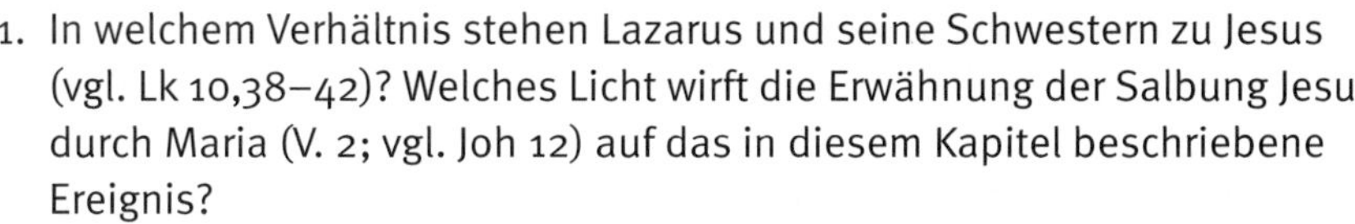

1. In welchem Verhältnis stehen Lazarus und seine Schwestern zu Jesus (vgl. Lk 10,38–42)? Welches Licht wirft die Erwähnung der Salbung Jesu durch Maria (V. 2; vgl. Joh 12) auf das in diesem Kapitel beschriebene Ereignis?

2. Warum verzögert Jesus seine Abreise absichtlich, obwohl er von der schweren Krankheit des Lazarus weiß?

3. Wovor haben die Jünger Angst, als Jesus die Reise nach Judäa plant (V. 8.16)?

4. Wie antwortet Jesus auf den Einwand der Jünger (V. 9)? Was bedeutet die kleine Beispielgeschichte? Wenn Sie einer der Jünger gewesen wären, hätte diese Antwort Jesu Sie beruhigt?

5. Wie beurteilen Sie die Aussage von Thomas? In welchem Ton, stellen Sie sich vor, hat er dies gesagt?

6. Wie ist Maria und Marta zumute, als sie hören, dass Jesus nun gekommen ist?

7. Was erfahren Sie über Marta, aus der Art und Weise, wie sie Jesus begegnet, und aus den Worten, mit denen sie Jesus empfängt?

8. Wie würde V. 25 in Ihren Worten lauten? Wie würden Sie die Frage beantworten, die Jesus an Marta stellt (V. 26)?)

9. Warum bleibt Maria zunächst zu Hause? Wie würden Sie die Begegnung zwischen ihr und Jesus beschreiben (V. 28-32)? Würden Sie einen Unterschied zum Verhalten Martas sehen?

10. Wie erklären Sie sich, dass Jesus weint, obwohl er doch bereits entschlossen ist, Lazarus ins Leben zurückzurufen (11,11)?

11. Was hätten Sie als Augenzeuge des Geschehens gedacht und empfunden, als Jesus befiehlt, den Stein wegzuwälzen? Wie hätten Sie reagiert, als Lazarus aus dem Grab kam?

12. Was beweist Jesus mit dieser Auferweckung? Kann diese Begebenheit für jemanden eine Hilfe sein, der selbst mit dem Tod konfrontiert wird? Inwiefern?

AUSTAUSCH

(15–30 Minuten) Wählen Sie ggf. unter den Fragen aus.

1. Waren Sie schon einmal unzufrieden mit Gottes Zeitplan in Ihrem Leben? Wie gehen Sie damit um, wenn Gott scheinbar Gebete nicht erhört?

2. „Wer an mich glaubt, wird leben, auch wenn er stirbt." Kann man diese Aussage auch umkehren: „Wer nicht an mich glaubt, der ist tot, auch wenn er lebt?" Welchen der beiden Sätze verstehen Sie eher? Wie würden Sie die Aussage in eigenen Worten formulieren?

3. Welche Erfahrungen haben Sie selbst mit Ihrer Reaktion auf Todesfälle gemacht? Welche Rolle spielt die Hoffnung auf ein Leben bei Gott dabei?

4. Würden Sie Ihre Beziehung zu Jesus als „Freundschaft" bezeichnen, in der Sie sich als von Jesus geliebt erfahren (V. 5)? Kann diese Geschichte dazu beitragen, Ihr Vertrauen zu Jesus zu vertiefen?

5. Mit welchen „Grabtüchern" sind Sie eventuell noch umwickelt? Was muss abgelegt werden, damit Sie frei in das Leben aufbrechen können, das Jesus schenken will?

ERLÄUTERUNGEN

11,1. Lazarus. In den ersten beiden Versen nennt Johannes die beteiligten Personen nur kurz, weil sie den Lesern offensichtlich aus anderen Berichten bekannt sind.

11,2. Maria. Vgl. Mk 14,1-11. Der Autor weiß, dass die Geschichte von der Salbung Jesu durch Maria, die in seinem Evangelium erst später (Kap. 12,1-8) berichtet wird, seinen Lesern bekannt ist, und identifiziert Maria hier schon als „diese Maria". So weist er darauf hin, dass der Tod Jesu unmittelbar bevorsteht (12,7).

11,3. der, den du lieb hast, ist krank. Die persönliche Zuneigung Jesu zu Lazarus macht die indirekte Bitte, dass Jesus kommen möge, noch eindringlicher.

11,4. Am Ende dieser Krankheit steht nicht der Tod, sondern die Herrlichkeit Gottes. Wörtl. *Diese Krankheit ist nicht zum Tod, sondern für die Herrlichkeit Gottes.* **die Herrlichkeit Gottes.** Alle (Wunder-)Zeichen, von denen Johannes berichtet, wollen aufzeigen, dass zutreffend ist, was Jesus von sich behauptet: Er ist eins mit dem Vater (Joh 10,25-30).

11,5. Jesus hatte ... sehr lieb. Bevor Johannes die zunächst unverständliche Reaktion Jesu auf den Hilferuf schildert, betont er, dass zwischen Jesus und den drei Geschwistern in Betanien eine liebevolle Beziehung besteht. Sie sind nicht „Demonstrationsobjekte" seiner Macht, sondern geliebte Freunde.

11,6. blieb er noch zwei Tage. Während Jesus bei anderen Gelegenheiten unverzüglich eingreift (Mt 14,31), ignoriert er, wie in Joh 2,3.4, hier scheinbar eine dringliche und verständliche Bitte. Dahinter steht die Tatsache, dass er stets nach dem Willen und dem Zeitplan des Vaters handelt. Davon lässt er sich auch durch Menschen, die er liebt, nicht abbringen, auch wenn es zunächst merkwürdig, ja unverständlich erscheinen mag. Zu guter Letzt muss doch alles dazu dienen, dass Gott seine Herrlichkeit durch ihn offenbart. (Die Jünger sind wohl zunächst beruhigt über den Zustand des Lazarus.)

11,8. versucht, dich zu steinigen. Vgl. 8,59; 10,31-33.39. Nach der Beunruhigung über Lazarus sind die Jünger nun besorgt um Jesus (und wohl auch um sich selbst). Ihre Besorgnis ist berechtigt, da die Auseinandersetzung mit den Gegnern Jesu sich mehr und mehr zugespitzt hat und zu einer tödlichen Feindschaft geworden ist. Die persönliche Gefahr, in der er steht, hindert Jesus jedoch nicht daran, seinem Auftrag treu zu bleiben.

11,9. Es ist doch zwölf Stunden am Tag hell. Mit einem kurzen Vergleich gibt Jesus zu verstehen, dass die Furcht um sein Leben unbegründet ist, da seine Stunde im Zeitplan des Vaters noch nicht gekommen ist und er deshalb noch vor Schaden bewahrt bleiben würde. Aber die Nacht würde bald kommen (Joh 9,4), in der das Licht der Welt ausgelöscht werden würde. Zugleich stellt Jesus seine Jünger vor die Entscheidung, ob sie sich nach dem Licht richten oder sich denen anschließen wollten, die in der Finsternis umherstolpern (wie die Pharisäer).

11,11. eingeschlafen ... aufzuwecken. Jesus verschleiert hier nicht etwa den Umstand, dass Lazarus gestorben ist. Vielmehr relativiert er den Tod als einen vorläufigen, vorübergehenden Zustand.

11,12. wird er wieder gesund. Erneut beruhigen sich die Jünger und hören fälschlicherweise Entwarnung in den Worten Jesu. Die Hilfe für Lazarus steht zwar wirklich bevor, und er wird auch wieder gesund; das geschieht aber nicht, wie die Jünger verständlicherweise die Lösung erwarten, ohne die persönliche Gefahr und die Auseinandersetzung Jesu mit dem Tod.

11,13. dachten, er rede vom gewöhnlichen Schlaf. Die Missdeutung ist nur zu verständlich, auch wenn schon damals allgemein der Schlaf als Bild für den Tod gebraucht wurde.

11,15. Aber euretwegen bin ich froh. Diese Aussage macht einerseits Mut, ist aber zugleich bedrohlich, da die Jünger die nächste „Glaubenslektion" im feindlichen Judäa lernen sollen.

11,16. Thomas, auch Didymus genannt. *Didymus* (griechisch) bedeutet dasselbe wie *Thomas* (aramäisch), nämlich „Zwilling". Aufgrund des Berichts in Joh 20,24ff kennt man ihn gewöhnlich nur als den Zweifler; hier jedoch zeigt er zu allem entschlossenen Glauben und bedingungslose Treue angesichts einer scheinbar hoffnungslosen Lage.

11,17. schon vor vier Tagen begraben. Da die Reise Jesu wahrscheinlich etwa einen Tag in Anspruch genommen hatte (falls Jesus noch wie in 10,40 jenseits des Jordans war), musste Lazarus bereits gestorben sein, als Jesus die Nachricht erhält, er sei krank. Damals glaubte man, dass die Seele bis zum dritten Tag über dem Körper schwebe, um eventuell noch einmal in ihn zurückkehren zu können. Danach war alle Hoffnung endgültig dahin. Umso größer erwies sich die Macht Jesu (V. 4). Die Begräbnisfeierlichkeiten erreichten am vierten Tag ihren Höhepunkt (sie dauerten eine Woche).

11,18. nur etwa drei Kilometer von Jerusalem entfernt. Die Nähe zur Hauptstadt erklärt einerseits die große Zahl der Trauerbesucher (V. 19), bedeutete aber zugleich auch eine erhöhte Gefahr durch die Nähe der Gegner Jesu in Jerusalem.

11,19. viele Juden. Johannes erwähnt die Größe der Menge, um zu zeigen, dass dieses letzte öffentliche Zeichen Jesu von vielen miterlebt wurde.

11,21. Herr... wenn du hier gewesen wärst. Ihren ganzen Schmerz legt Marta in diese Aussage. Einen Vorwurf will sie Jesus sicher nicht machen. Im Gegenteil, sie bringt ihren Glauben an seine

Macht zum Ausdruck: Jesus hätte den Tod ihres Bruders verhindern können, wenn er da gewesen wäre (vgl. V. 32). Ihr Glaube ist aber beschränkt, weil sie meint, Jesus hätte zumindest rechtzeitig vor Ort sein müssen, um Lazarus helfen zu können.

11,22. Aber auch jetzt weiß ich. Das heißt nicht unbedingt, dass Marta direkt damit gerechnet hätte, dass Jesus ihren Bruder auferwecken würde, wie ihre Reaktion in V. 39 zeigt. Dennoch glaubt sie, dass Jesus alles, was geschieht, unter Kontrolle hat und auch jetzt das tun werde, was das Beste wäre.

11,23. auferstehen. Die Pharisäer und andere jüdische Gruppierungen glaubten an die allgemeine Totenauferstehung. Marta verstand die Bemerkung Jesu wohl einfach als Beileidsbekundung und Trostwort im Rahmen dieser Auferstehungshoffnung. Sicherlich hatten auch die anderen Trauergäste versucht, sie mit ähnlichen guten Worten zu trösten.

11,25. Ich bin die Auferstehung und das Leben. Mit diesem feierlich-eindrucksvollen Wort, dem gewaltigsten unter den Ich-bin-Aussagen Jesu, möchte Jesus Martas Blick über die Lehraussage von der allgemeinen Auferstehung hinauslenken: auf sich selbst, den Ursprung und die Quelle dieser Auferstehung. **Wer an mich glaubt, wird leben, auch wenn er stirbt.** Das geistliche Leben, das mit dem leiblichen Tod nicht zu Ende ist, ist hier im Blickfeld. Hier und in V. 26 versichert Jesus, dass er souveräne Macht über den Tod hat und über die Macht verfügt, „denen Leben zu geben, denen er es geben will" (vgl. Joh 5,21). Zieht man diese Aussagen mit in Betracht, wird die hier berichtete Auferweckung des Lazarus zu einem unübersehbaren Zeichen, das bestätigt, was Jesus beansprucht: Er und der Vater sind eins.

11,26. Glaubst du das? Jesus konfrontiert Marta direkt und persönlich mit diesem Anspruch. Sieht sie in ihm nur den Wunderheiler oder erkennt sie, dass in ihm Gott selbst am Werk ist? Immer wieder fordert Jesus Menschen zu einer persönlichen Stellungnahme auf, um ihnen Gelegenheit zu geben, sich darüber klar zu werden, wie sie zu ihm stehen (vgl. Joh 6,67; Mt 16,15).

11,27. ich glaube. Wörtl. *ich bin zum Glauben daran gekommen.* Diese feierliche Erklärung ist eines von mehreren Bekenntnissen über Jesus, denen Johannes in seinem Evangelium viel Wert beimisst (Joh 6,69; 16,30; 20,28). Seine Absicht ist es ja, bei seinen Lesern Glauben zu wecken bzw. zu fördern (Joh 20,31). Dieses Bekenntnis hier ist als Antwort auf die von den jüdischen Führern gestellten Fragen (Joh 10,24-37) zu sehen. **Herr.** Das konnte die gewöhnliche höfliche Anrede sein (so mag es in V. 21 gemeint gewesen sein); hier aber ist sich Marta offenbar der Bedeutung des Wortes Herr als göttlichem Titel bewusst, wie die folgenden Aussagen belegen. Mit dem Titel **Messias** (der Gesalbte, Christus) bringt Marta zum Ausdruck, dass Jesus der von Gott gesandte und beauftragte Retter ist, der sein Volk von der Macht der Sünde und des Todes befreit. In der Anrede als **Sohn Gottes** bekräftigt sie seine Verbundenheit mit dem Vater. Nach Ps 2 wurde dieser Titel für den durch Salbung eingesetzten König benutzt und auch dem kommenden Messias zugedacht, ohne dass die Wesensgleichheit mit dem Vater mitgedacht werden musste. Der letzte Ausdruck **„der in die Welt kommen soll"** könnte als weiterer eigenständiger Titel aufgefasst werden und sich auf die Erwartung des einen großen Propheten beziehen, den Gott seinem Volk senden wollte (5 Mo 18,18; s. Joh 6,14). Wahrscheinlicher ist, dass er als Ergänzung der vorhergehenden Doppelaussage gedacht war.

11,28. um ihre Schwester Maria zu holen. Warum Maria zunächst zu Hause blieb (V. 20), wird nicht gesagt; vermutlich wegen der Trauergäste. **leise.** Wörtl. *heimlich.*

11,32. an den Dorfeingang kam. Wörtl. *an die Stelle kam, wo Jesus war.*

11,33. erfüllten ihn Zorn und Schmerz. Bis ins Innerste erschüttert. Wörtl.: *ergrimmte Jesus im Geist und war erschüttert.* Der Ausdruck kann sowohl heftigen Zorn oder Unwillen meinen wie auch die tiefe Erschütterung aus Mitgefühl bezeichnen.

11,35. Jesu Augen füllten sich mit Tränen. Im Unterschied zum lauten Wehklagen (V. 33) der

Trauergäste kommen Jesus Tränen eines echten Schmerzes. Jesus trauert nicht nur um einen geliebten Freund, wie die anderen meinten (V. 36); er ist erschüttert über die Realität des Todes, den die Sünde in die Welt gebracht hat, und über den mangelnden Glauben, der ihm selbst noch bei Maria und Marta, aber vor allem in der hoffnungslosen Trauer der Menge und ihrer zu vordergründigen Deutung seiner Erschütterung (V. 37) begegnet. Deswegen wird auch seine tiefe innere Bewegung mehrfach zum Ausdruck gebracht (in V. 33 und 38 heißt es wörtl.: *er ergrimmte*).

11,36. **wie lieb er ihn gehabt hat.** Die Umstehenden sehen die Tränen Jesu und deuten sie als Zeichen für die enge Beziehung, die Jesus zu Lazarus hatte.

11,37. **Hätte er da nicht auch machen können, dass Lazarus nicht stirbt?** Was Marta und Maria bereits glauben, ist hier nur als Frage formuliert und hat eher den Beigeschmack des Vorwurfes oder Unverständnisses.

11,38. **erfüllten ihn von Neuem Zorn und Schmerz.** Wörtl. *ergrimmte er von Neuem in sich selbst.*

11,39. **der Leichnam riecht schon!** Marta wusste, dass Jesus mehrfach Tote auferweckt hatte (Mt 11,5; Mk 5,22-43; Lk 7,11-15), doch die waren stets erst soeben verstorben gewesen. Am vierten Tag aber begannen die Anzeichen der Verwesung so stark zu werden, dass an eine „Wiederbelebung" nicht mehr zu denken war (s. Erklärung zu V. 17).

11,40. **Habe ich dir nicht gesagt.** Das hatte Jesus vielleicht nicht wörtlich, aber doch sinngemäß zum Ausdruck gebracht (V. 25.26). Die Herrlichkeit und Macht Gottes werden in der Person Jesu sichtbar, in seinem Sein und in seinem Handeln (vgl. V. 4). Die Zeichen, die Johannes in seinem Evangelium überliefert, dienen stets als Erweis der Identität Jesu. Sie sind der Erweis dafür, dass er aus der Herrlichkeit Gottes kommt und mit der Vollmacht Gottes ausgestattet ist (Joh 2,11), und auf dieser Grundlage urteilten die Menschen darüber, wer er war (Joh 6,14; 9,32.33). Auch dieses letzte Zeichen bestätigt, worauf in allen vorangehenden Begegnungen und Gesprächen Jesu mit Anhängern und Gegnern hingewiesen wurde: Jesus ist Gottes Sohn. **Herrlichkeit Gottes sehen.** Die praktische Marta fragt Jesus nach ihrem Glauben (V. 26). Die wohl mehr verinnerlichende Maria (Lk 10,39) lenkt er dagegen auf die handgreifliche Erfahrung ihres Glaubens hin.

11,41. **Jesus richtete den Blick zum Himmel.** Diese Gebetshaltung war bei den Juden zwar allgemein bekannt (Ps 123,1), wird aber hier zum Ausdruck der Verbundenheit zwischen Vater und Sohn (Joh 17,1; Mt 14,19; Mk 7,34).

11,42. **wegen all der Menschen.** Ziel des Wunders ist es, den Menschen, die es miterleben, die Wahrheit dessen vor Augen zu stellen, was Jesus von sich selbst sagt.

11,43. **Lazarus, komm heraus!** Das Befehlswort an den toten Lazarus erscheint unsinnig, da ein Toter ja nicht hören kann. Aber das „Machtwort" Jesu schafft neues Leben in ihm, macht ihn hörfähig und gehorsam. Dass Jesus hier ohne irgendwelche zusätzlichen „Hilfsmittel" allein mit dem befehlenden Wort agiert, erinnert unweigerlich an das göttliche Schöpfungswort, das ins Dasein ruft, was noch nicht exisitert, und damit auch an Joh 1,1-3, wo Jesus als das Mensch gewordene Wort Gottes gepriesen wird (vgl. auch in Hes 37 die Vision vom Totenfeld).

11,44. **mit Grabbinden umwickelt.** In der jüdischen Begräbniskultur wurde der Leichnam gesalbt und mit Tüchern umwickelt (Joh 19,40). Dies war nicht in erster Linie zur Konservierung des Leichnams gedacht, wie bei den ägyptischen Mumien, sondern schlicht eine letzte Ehrenbezeugung. **befahl Jesus den Umstehenden.** Wörtl. *sagte Jesus zu ihnen.*

11,45. **Viele von den Juden ... glaubten an Jesus.** Auf genau diese Reaktion auf das wohl spektakulärste Wunder, das er tat, zielt Jesus mit seinem Handeln.

11,46. **Einige aber.** Das „aber" setzt die „Berichterstatter" in den Gegensatz zu den Glaubenden von V. 25. Ihr Bericht an die Pharisäer über dieses letzte Zeichen Jesu führt zum Beschluss, Jesus zu töten (Joh 11,47-53).

Der Weg, die Wahrheit, das Leben

Johannes 14,1-14

EINSTIEG
(15–20 Minuten)
Wählen Sie bitte eine oder zwei Fragen aus.

1. Wandern Sie gern? Welche Erfahrungen mit dem Unterwegssein haben Sie gemacht?
2. „Der Weg ist das Ziel." Stimmen Sie zu? Warum? Warum nicht?
3. Wie muss der Raum oder die Wohnung aussehen, in dem/in der Sie sich so richtig wohlfühlen? Was bedeutet Ihnen Ihre Wohnung? Welcher Raum in Ihrem Haus oder Ihrer Wohnung ist Ihnen der liebste?

BIBELTEXT

Zusammenhang: Die Auferweckung des Lazarus hatte zum einen dazu geführt, dass viele an Jesus als den Messias glaubten. Andererseits hatte sie seine Gegner in ihrer Ablehnung bestärkt, sodass sie seinen Tod beschlossen (Joh 12,45-53). Kap. 12 und 13 berichten von der Salbung durch Maria (ein Hinweis auf sein bevorstehendes Sterben), vom Einzug in Jerusalem, von der Fußwaschung. Immer wieder weist Jesus jetzt deutlich auf seinen bevorstehenden Tod hin. Verrat und Verleugnung werden angekündigt. Die Jünger sind verständlicherweise verunsichert und bestürzt.

Ziel dieses ersten Abschnitts in Kap. 14 ist es, in den Jüngern den Glauben zu bestärken, dass auch das bevorstehende Leiden und der Tod Jesu seine Sendung von Gott her und seine Einheit mit dem Vater nicht infrage stellen, sondern im Gegenteil, dass sich gerade darin sein Auftrag nach dem Willen Gottes erfüllt.

Jesus Christus – der Weg zum Vater

1 „Lasst euch durch nichts in eurem Glauben erschüttern!", sagte Jesus zu
seinen Jüngern. „Vertraut auf Gott und vertraut auf mich! 2 Im Haus meines
Vaters gibt es viele Wohnungen. Wenn es nicht so wäre, hätte ich dann etwa
zu euch gesagt, dass ich dorthin gehe, um einen Platz für euch vorzuberei-
ten? 3 Und wenn ich einen Platz für euch vorbereitet habe, werde ich wieder
kommen und euch zu mir holen, damit auch ihr dort seid, wo ich bin. 4 Den
Weg, der dorthin führt, wo ich hingehe, kennt ihr ja."
5 „Herr, sagte Thomas, „wir wissen doch nicht einmal, wohin du gehst. Wie

sollen wir dann den Weg dorthin kennen?“ – 6 „Ich bin der Weg“, antwortete
Jesus, „ich bin die Wahrheit, und ich bin das Leben. Zum Vater kommt man
nur durch mich. 7 Wenn ihr erkannt habt, wer ich bin, werdet ihr auch meinen
Vater erkennen. Ja, ihr kennt ihn bereits; ihr habt ihn bereits gesehen.“

Wer den Sohn sieht, sieht den Vater

8 „Herr“, sagte Philippus, „zeig uns den Vater; das genügt uns.“ – 9 „So lange
bin ich schon bei euch, und du kennst mich immer noch nicht, Philippus?“
entgegnete Jesus. „Wer mich gesehen hat, hat den Vater gesehen. Wie kannst
du da sagen: ‚Zeig uns den Vater‘ ? 10 Glaubst du nicht, dass ich im Vater bin
und dass der Vater in mir ist? Was ich euch sage, sage ich nicht aus mir selbst
heraus. Der Vater, der in mir ist, handelt durch mich; es ist alles sein Werk.
11 Glaubt es mir, dass ich im Vater bin und dass der Vater in mir ist. Wenn ihr
immer noch nicht davon überzeugt seid, dann glaubt es doch aufgrund von
dem, was durch mich geschieht.

12 Ich versichere euch: Wer an mich glaubt, wird die Dinge, die ich tue, auch
tun; ja, er wird sogar noch größere Dinge tun. Denn ich gehe zum Vater, 13 und
alles, worum ihr dann in meinem Namen bittet, werde ich tun, damit durch
den Sohn die Herrlichkeit des Vaters offenbart wird. 14 Wenn ihr mich in meinem Namen um etwas bitten werdet, werde ich es tun.“

BIBELGESPRÄCH

(30–45 Minuten)
Wählen Sie
ggf. unter den
Fragen aus.

1. Jesus hatte in den vorangehenden Kapiteln von seinem bevorstehenden Tod, von seinem „Weggehen“ gesprochen. Welchen Sinn gibt er diesem Geschehen in diesem Abschnitt?
2. Eine Wohnung bei Gott – was verheißt Jesus in diesem Bild?
3. Welche Fragen und Sorgen beschäftigen die Jünger (vgl. 13,36; 14,6.8.22)? Wie antwortet Jesus darauf?
4. Was möchte Thomas wissen? Wie würden Sie die Antwort von Jesus in V. 6.7 in Ihren Worten wiedergeben?
5. Wären Sie anstelle von Jesus enttäuscht gewesen von Philippus und seiner Bitte? In welchem Ton hat Jesus wohl seine Antwort geäußert (V. 9-14)? Sehen Sie eine Verbindung zwischen V. 9 und Joh 1,18?
6. „Wer mich gesehen hat, hat den Vater gesehen.“ Nach dem, was Sie von Jesus wissen – wie würden Sie Gott beschreiben?

7. „Glaubt mir, dass ich im Vater bin und dass der Vater in mir ist. Wenn ihr immer noch nicht … überzeugt seid, dann glaubt es doch aufgrund von dem, was durch mich geschieht." Welche Bedeutung haben nach dieser Aussage die Wunder, die Jesus getan hat?

8. Welche Versprechen macht Jesus in V. 12-14? Gelten sie noch heute? Was ist mit den größeren Taten gemeint (V. 12)?

9. Was ist nach V. 13 der Sinn der Sendung Jesu?

10. Bedeutet V. 13.14 eine Art „Blankoscheck" fürs Gebet?

AUSTAUSCH

(15–30 Minuten) Wählen Sie ggf. unter den Fragen aus.

1. „Ich bin der Weg … ich bin die Wahrheit, und ich bin das Leben" – Welche der drei Selbstaussagen Jesu ist Ihnen am wichtigsten? Welche finden Sie am schwierigsten? Warum?

2. Wie wird der Anspruch, den Jesus hier erhebt, in Ihrem Leben konkret? Wo erweist er sich als wahr? Oder bringt Ihre Lebenserfahrung Sie dazu, eher skeptisch zu reagieren? Was sind es für Erfahrungen, die Ihre Reaktion begründen?

3. Was würden Sie jemandem antworten, der sagt: „Es gibt viele Wege zu Gott"?

4. Bedeuten die Aussagen Jesu über das Gebet etwas für Ihr Leben? Haben Sie mit ihnen Erfahrungen gemacht?

14,1. Lasst euch durch nichts in eurem Glauben erschüttern! Jesus selbst ist innerlich gefasst im Blick auf das, was ihn erwartet; nun macht er seinen Jüngern Mut, denn nach seinen schwer verständlichen Worten über sein Weggehen und seinen Tod sind sie sicher beunruhigt (Leidensankündigung 12,32f; Verrat 13,21; Weggang Jesu 13,33; Verleugnung 13,38). **Vertraut auf Gott und vertraut auf mich!** Man könnte dies auch als Indikativ übersetzen: *Ihr vertraut Gott, und ihr vertraut mir.* Im Zusammenhang des Textes betrachtet, scheint dies jedoch nicht gemeint zu sein. Worauf es ankommt, ist aber: Die Jünger haben Jesus als den Gesandten Gottes akzeptiert und damit erkennen lassen, dass sie zu Gott gehören (vgl. Joh 1,11-13). Die bevorstehenden Ereignisse werden ihren Glauben (an Jesus und damit auch ihren Glauben an Gott) auf eine schwere Probe stellen. Jesus bestätigt, dass sie zu ihm gehören, und ermutigt sie, im Glauben an Gott nicht nachzulassen. Sie werden Trost und Kraft finden, wenn sie daran denken, dass seine Worte die Worte des Vaters selbst sind (Joh 12,50).

14,2. Im Haus meines Vaters. In Joh 2,16 bezog sich das auf den Tempel, hier auf das Leben bei Gott. Der irdische Tempel war in gewisser Hinsicht das Abbild des wahren Wohnsitzes Gottes (Hebr 9,24). **viele Wohnungen.** Die Vorstellung von separaten, isolierten Wohneinheiten im Himmel ist natürlich verfehlt; es soll zunächst einfach gesagt werden, dass der Sinn der Sendung Jesu darin liegt, für jeden Einzelnen die Möglichkeit einer dauerhaften und engen Lebensgemeinschaft mit Gott zu ermöglichen. Das Bild besagt, dass es bei Gott viel Raum gibt (keine räumliche und zeitliche Begrenzung mehr). Zugleich aber wird angedeutet, dass jeder Einzelne bei ihm erwartet werden wird und für jeden sehr wohl ein bestimmter Platz vorbereitet ist (2 Kor 5,1; Hebr 11,16; vgl. Mt 26,29; Lk 22,30).

14,3. Und wenn ich. Wörtl. *Und wenn ich gegangen bin und.* **werde ich wieder kommen und euch zu mir holen.** Während später in Kap. 14,18ff und 14,28 das *Kommen* Jesu im und durch den Geist gemeint ist (Pfingsten), legt der unmittelbare Kontext hier nahe, an das in 1 Thess 4,13-18 beschriebene Geschehen der „Entrückung" zu denken: das erneute Kommen Christi, bei dem er die Glaubenden zu Gott heimholen wird – in die enge und nicht mehr zerstörbare Gemeinschaft mit Gott. Das an anderen Stellen bezeugte sog. Zweite Kommen Christi ist vermutlich nicht gemeint, denn dabei geht es um ein Erscheinen Christi in Macht und Herrlichkeit als Beginn des Weltgerichts (Mt 16,27; 24,29-31; 25,31ff).

14,4. Den Weg, der dorthin führt, wo ich hingehe, kennt ihr ja. Jesus hatte bereits von seiner Verklärung und Erhöhung (12,23.32), von seinem Weggang in den Tod (13,37) und von den Wohnungen beim Vater (V. 2) gesprochen.

14,5. Die Frage des Thomas offenbart, wie wenig er Jesus verstanden hatte.

14,6. Ich bin der Weg. Das Ziel, zu dem Jesus unterwegs ist, ist nicht so sehr ein Ort als vielmehr eine Person – der Vater (Joh 7,33; 8,21). Weil in Jesus Gott selbst den Menschen bereits entgegengekommen ist, ist auch nur er der Weg, der zum Vater führt. Auch seine Lebenshingabe am Kreuz dient dazu, für alle, die ihm vertrauen, den Weg zum Vater zu ermöglichen (Hebr 10,19-22). **Wahrheit.** Der Gebrauch des Wortes Wahrheit bei Johannes ist geprägt vom atl. Verständnis dieses Begriffes. Wahr ist für das hebräische Denken etwas, das hält, was es verspricht. Wahrheit meint die Verlässlichkeit, Glaubwürdigkeit und Treue Gottes – selten, wie in unserem Denken, die Übereinstimmung einer Aussage mit einem entsprechenden Sachverhalt. Wahrheit ist eine Eigenschaft, die jemand oder etwas an sich besitzt. Jesus ist demnach die Mensch gewordene „Gnade und Wahrheit" Gottes (1,14.17), die Einlösung seines unbedingten Rettungswillens. **nur durch mich.** Wörtl. *außer durch mich.* In allen Ich-bin-Worten steckt indirekt der exklusive Anspruch, den Jesus hier unmissverständlich klar ausspricht. Jesus ist nicht *ein* Brot, *ein* Licht, *eine* Tür usw. unter vielen anderen, sondern er allein ist der, in dem sich Gott der Welt offenbart. **zum Vater kommen.** Nach Joh 6,29.37.39 kommt umgekehrt niemand ohne den Vater zu Jesus. Dies ist kein Widerspruch, sondern betont, dass der Vater einen einzigen Weg zum Heil ermöglicht hat.

14,7. **Wenn ihr erkannt habt, wer ich bin.** Wörtl. *Wenn ihr mich erkannt habt.* **werdet ihr auch meinen Vater erkennen.** Erkenntnis ist für den hebräisch denkenden Menschen nicht bloß theoretische Einsicht, sondern umfasst vor allem den Bereich der Erfahrung. Das Wort müsste besser mit „erleben" wiedergegeben werden. Im Sohn wird der Vater Mensch. Wer ihn in Worten und Taten erfährt, der erlebt, wie der Vater ist. Dass Jesus sich immer wieder gleichsetzt mit seinem Vater, wurde von den Jüngern lange rein rechtlich verstanden: Jesus ist der von Gott Gesandte und Bevollmächtigte. Ein abgesandter Bevollmächtigter war nach einem Rechtsgrundsatz wie der Sendende zu behandeln, konnte stellvertretend Verträge schließen oder Entscheidungen treffen. Dass die Einheit zwischen Jesus und dem Vater weit darüber hinausgeht und auch sein Wesen betrifft, wird erst nach Ostern wirklich klar.

14,8. **zeig uns den Vater.** Die Griechen, die in Kap. 12,20.21 an Philippus mit der Bitte herantraten, Jesus gern sehen zu wollen, waren auf dem richtigen Weg. Philippus aber vergisst zum einen, wie in 2 Mo 33,18-20 Gott dem Mose seine Bitte, ihn sehen zu dürfen, abschlagen musste. Zum andern vergisst er alles, was Jesus bisher über sein Verhältnis zum Vater gesagt hat (V. 7.9). Philippus erwartet wohl eine jeden Zweifel ausschließende besondere Gottesoffenbarung. Jesus dagegen verweist darauf, dass in ihm selbst die volle Offenbarung Gottes den Jüngern bereits vor Augen steht.

14,9. **So lange bin ich schon bei euch.** Auch bei anderen Gelegenheiten (Mt 17,17) beklagt Jesus das Unverständnis seiner Jünger (selbst noch nach seiner Auferstehung, vgl. Lk 24,25).

14,10. **Glaubst du nicht, dass ...** Vielleicht klingt hier so etwas mit wie: „Nach allem, was du von mir gesehen hast, glaubst du mir noch immer nicht ...?" **Der Vater, der in mir ist, handelt durch mich; es ist alles sein Werk.** Wörtl. *Der Vater, der in mir bleibt, tut seine Werke.*

14,11. **Wenn ihr immer noch nicht davon überzeugt seid.** Wörtl. *Wenn nicht.* **glaubt es doch aufgrund von dem, was durch mich geschieht.** Die in diesem Evangelium berichteten Wunder sind klare Hinweise (Zeichen) auf die Tatsache, dass Jesus gekommen ist, um Gottes Herrlichkeit offenbar zu machen und das unvergängliche Leben zu schenken, das aus Gott selbst hervorgeht.

14,12. **sogar noch größere Dinge.** Gemeint sind nicht „größere" Wunder, die noch außerordentlicher oder sensationeller wären, sondern *größer* ist zu verstehen im Sinne von größerer Reichweite und größerem Ausmaß. Das Größere liegt darin, dass sich das Wirken Jesu fortsetzt und vervielfältigt. Denn Jesus stellt fest: *Ich gehe zum Vater,* mein irdisches Werk ist bald abgeschlossen. Die Jünger aber werden es fortsetzen (Joh 20,21ff; 21,15.16.17) und dabei erleben, dass nicht nur Einzelne von Krankheiten geheilt werden, sondern dass viel mehr Menschen das umfassende Heil finden werden (Joh 17,20ff), nämlich im Glauben an Jesus; und das nicht nur in Israel, sondern auch unter den Heiden (vgl. Gal 3,28), nicht nur in Palästina, sondern in der ganzen Welt (Mt 28,18-20; Apg 1,8). Dies würde durch Gebet (V. 13ff) und vor allem durch die Kraft des Geistes (V. 16ff) geschehen, in der sich erweisen würde, dass Jesus selbst tatsächlich bei den Seinen war (V. 18ff).

14,13.14. Die Zusage, dass alle Bitten erhört werden würden, darf nicht magisch verstanden werden (Jesus ist nicht irgendein dienstbarer Geist, der bereitsteht, um uns jeden Wunsch zu erfüllen). Alles Gebet muss *in seinem Namen* erfolgen; d. h. in Übereinstimmung mit dem Wesen Jesu und seiner Absicht, den Vater zu verherrlichen. Indem Jesus also ein solches Versprechen gibt, geht er davon aus, dass die Glaubenden sich genauso dem Willen des Vaters unterordnen, wie er es selbst getan hat (1 Joh 3,22; 5,14; vgl. Joh 15,7.16; 16,23f).

Der Weinstock

7

Johannes 15,1-17

EINSTIEG

(15–20 Minuten)
Wählen Sie bitte eine oder zwei Fragen aus.

1. Mit welcher Pflanze würden Sie sich gern vergleichen wollen – und welche entspricht Ihnen tatsächlich eher? Mächtige Eiche, Trauerweide, knorriger Birnbaum, Blümlein am Wegrand, Goldregen, Mimose ...? Warum?

2. Welche „Ernte“ würden Sie am Ende Ihres Lebens gern einbringen können?

3. Wo fühlen Sie sich verwurzelt? Aus welchen Wurzeln beziehen Sie Ihre Lebenskraft?

4. Ein Freund ist jemand, der ... Wie würden Sie den Satz beenden? Was ist in Ihren Augen ein echter Freundschaftsbeweis?

BIBELTEXT

Zusammenhang: Die Weinstockrede in Joh 15,1 bis 16,4 folgt auf einen Redeabschnitt, in dem Jesus das Kommen des Geistes ankündigt, durch den er selbst den Jüngern wieder nahe sein wird, und in dem er den Jüngern den Frieden und das Heil Gottes zusagt. Er hatte ihnen noch einmal den Sinn seines Sterbens vor Augen gestellt: Es ist Rückkehr zum Vater, Ausdruck seiner Liebe zum Vater und Voraussetzung dafür, dass die Jünger den Geist Gottes empfangen können. Angesichts der bevorstehenden Trennung redet Jesus aber nun von einer bleibenden Verbundenheit zwischen ihm und seinen Jüngern.

Jesus Christus – der Weinstock

1 „Ich bin der wahre Weinstock, und mein Vater ist der Weinbauer. 2 Jede Rebe
an mir, die nicht Frucht trägt, schneidet er ab; eine Rebe aber, die Frucht
trägt, schneidet er zurück; so reinigt er sie, damit sie noch mehr Frucht hervorbringt. 3 Ihr seid schon rein; ihr seid es aufgrund des Wortes, das ich euch
verkündet habe. 4 Bleibt in mir, und ich werde in euch bleiben. Eine Rebe
kann nicht aus sich selbst heraus Frucht hervorbringen; sie muss am Weinstock bleiben. Genauso wenig könnt ihr Frucht hervorbringen, wenn ihr nicht
in mir bleibt.

5 Ich bin der Weinstock, und ihr seid die Reben. Wenn jemand in mir bleibt

und ich in ihm bleibe, trägt er reiche Frucht; ohne mich könnt ihr nichts tun.
6 Wenn jemand nicht in mir bleibt, geht es ihm wie der unfruchtbaren Rebe:
Er wird weggeworfen und verdorrt. Die verdorrten Reben werden zusammengelesen und ins Feuer geworfen, wo sie verbrennen.
7 Wenn ihr in mir bleibt und meine Worte in euch bleiben, könnt ihr bitten, um was ihr wollt: Eure Bitte wird erfüllt werden.
8 Dadurch, dass ihr reiche Frucht tragt und euch als meine Jünger erweist, wird die Herrlichkeit meines Vaters offenbart."

In der Liebe Jesu bleiben

9 „Wie mich der Vater geliebt hat, so habe ich euch geliebt. Bleibt in meiner Liebe!
10 Wenn ihr meine Gebote haltet, werdet ihr in meiner Liebe bleiben, so wie ich immer die Gebote meines Vaters gehalten habe und in seiner Liebe bleibe.
11 Ich sage euch das, damit meine Freude euch erfüllt und eure Freude vollkommen ist.

12 Liebt einander, wie ich euch geliebt habe; das ist mein Gebot.
13 Niemand liebt seine Freunde mehr als der, der sein Leben für sie hergibt.
14 Ihr seid meine Freunde, wenn ihr tut, was ich euch gebiete.
15 Ich nenne euch Freunde und nicht mehr Diener. Denn ein Diener weiß nicht, was sein Herr tut; ich aber habe euch alles mitgeteilt, was ich von meinem Vater gehört habe.
16 Nicht ihr habt mich erwählt, sondern ich habe euch erwählt: Ich habe euch dazu bestimmt, zu gehen und Frucht zu tragen – Frucht, die Bestand hat. Wenn ihr dann den Vater in meinem Namen um etwas bittet, wird er es euch geben, was immer es auch sei.
17 Einander zu lieben – das ist das Gebot, das ich euch gebe."

BIBELGESPRÄCH
(30–45 Minuten)
Wählen Sie ggf. unter den Fragen aus.

1. Warum wählt Jesus das Bild vom Weinstock, um die Prinzipien eines gesunden und fruchtbringenden Lebens im Glauben zu verdeutlichen? Warum spricht er nicht etwa vom Feigenbaum und seinen Früchten (vgl. dazu die Erläuterungen)?

2. Was ist der Hauptgesichtspunkt, den Jesus seinen Jüngern mit dem gewählten Bild vor Augen führen möchte?

3. Was sind die Voraussetzungen dafür, dass die Weinlese einen reichen Ertrag erbringt?

4. Worin besteht das *Fruchtbringen*?

5. Zeichnet Jesus hier ein bedrohliches Bild von Gott, wenn er davon spricht, dass der Weingärtner zurückschneidet, reinigt, verbrennt (V. 7.16)?

6. Kann eine Rebe mit dem Weinstock verbunden sein, ohne gleichzeitig auch mit anderen Reben verbunden zu sein? Welche Beziehung besteht zwischen den beiden Hauptabschnitten des Textes (V.1-8 und V. 9-17)?

7. Spricht V. 2 von denselben Menschen wie V. 6?

8. Inwiefern sind V. 9 und V. 12 unmittelbar aufeinander bezogen? Wie wichtig ist die Liebe als treibende Kraft des christlichen Lebens? Wie wirkt sie sich aus? Welches Vorbild gibt Jesus in Bezug auf die Liebe?

9. Woran zeigt sich die „Freundschaft" mit Jesus? Wo ist der Unterschied zwischen einem Freund und einem Diener Jesu oder – wie etwa Paulus sich nennt – einem „Sklaven Christi"?

10. Vergleichen Sie das Bild vom Weinstock und den Reben mit dem Bild vom Leib Christi, das Paulus für die Gemeinde gebraucht (1 Kor 12,12-27). Welche Gemeinsamkeiten bzw. welche Unterschiede sehen Sie?

AUSTAUSCH

(15–30 Minuten) Wählen Sie ggf. unter den Fragen aus. Sie können das Gespräch mit einem gemeinsamen Gebet abschließen.

1. Was fällt Ihnen leichter – eine tiefe Beziehung zu Gott zu haben oder eine tiefe Beziehung zu anderen Christen zu haben? An welcher dieser Beziehungen müssen Sie mehr arbeiten? Wer kann Ihnen dabei helfen?

2. Wie äußert sich für Sie die Verbundenheit mit dem Weinstock Jesus? In welcher Weise erleben Sie, dass Ihr Leben dadurch „fruchtbar" wird?

3. Wenn Sie sich als Rebe einer Qualitätsprüfung unterziehen sollten, welche Wertung würden Sie erhalten? Topqualität? Solider Durchschnitt? Etwas verdorrt? Kümmerlich? Wie könnte die Verbindung zum Weinstock enger werden?

4. Sehen Sie in Jesus eher einen Herrn und Befehlsgeber oder einen Freund?

5. „Ohne mich könnt ihr nichts tun." Wie verstehen Sie diese Aussage?

15,1. Ich bin der wahre Weinstock. Das Bild vom Weinstock dient im AT als Symbol für Israel (Ps 80,9ff; Jer 2,21; Hos 10,1). Aber Israel brachte nicht die Frucht, die Gott erwartete (Jes 5,1-7; Mt 21,43). Jesus überträgt dieses Bild auf sich selbst und bezeichnet sich als das positive Gegenstück. Er ist der *wahre Weinstock*, der endlich gute Frucht trägt, weil er stets tut, was dem Vater gefällt (Joh 8,29).

Das Bild vom Weingärtner, vom Weinstock und den Reben verdeutlicht die enge Beziehung, die zwischen Vater, Sohn und Jüngern besteht und aus der Liebe lebt.

15,2. schneidet er ab... schneidet er zurück. Der Weingärtner schneidet tote Reben und überflüssige Triebe ab, weil sie nutzlos sind und der Pflanze Saft und Kraft rauben. Andere Reben schneidet er zurück (wörtl.: *er reinigt sie*), damit sie stärker werden, wenn sie wieder ausschlagen, und mehr Frucht tragen.

15,3. Ihr seid schon rein. Die Fomulierung nimmt Bezug auf das Wort „reinigen" im vorigen Vers. Ob das Wort an die Reinigung von Sünden durch Jesu Erlösungswerk (vgl. Joh 13,10; Hebr 1,3) erinnern soll, ist in der Forschung umstritten. **weil ihr meine Botschaft gehört habt.** Indem die Jünger der Botschaft Jesu glauben und ihn als den Gesandten Gottes erkennen, stehen sie bereits in einer Verbindung zu ihm. Der Zuspruch beugt der Angst vor, als Jünger evtl. nicht gut genug zu sein und etwa nicht genügend Frucht zu bringen. Aber nicht die Menge an Frucht verbürgt die Verbindung mit Jesus, sondern umgekehrt: Die Verbundenheit mit Jesus führt zur Frucht.

15,4. Bleibt in mir. Die Aufforderung zu dieser bleibenden Verbundenheit prägt die erste Hälfte der Weinstockrede (V. 1-8). Es geht dabei nicht um eine mystische Wesensverschmelzung, sondern um die Treue in der Nachfolge, den anhaltenden Kontakt mit Jesus. **Frucht hervorbringen.** In erster Linie geht es bei der *Frucht* um den geistlichen Ertrag der Sendung Jesu, den auch seine Jünger mit einbringen sollen: Menschen, die zu Christus kommen und Gott als Vater erkennen, sind die geistliche Frucht (vgl. Joh 4,35f; 12,24ff). Wie in V. 8 ausgeführt, geht es letztlich um die Verherrlichung des Vaters. Darüber hinaus meint *Frucht* alles, was im Leben des Glaubenden durch die Verbindung mit Christus an geistlichen Werten und Tugenden entsteht und wächst, vor allem die Auswirkungen der Liebe, in der die Jünger bleiben sollen (V. 9, s. a. die Frucht des Geistes, von der Paulus spricht: Röm 6,21f; 7,4; Gal 5,22f; Eph 5,9; Kol 1,6.10; Phil 1,11; auch Hebr 13,15; Jak 3,18). Jesus konnte Frucht bringen, weil er den Willen des Vaters tat und aus der Liebe zu ihm lebte. Ebenso hängt die Fruchtbarkeit der Jünger ganz davon ab, ob sie tun, was sie bei Jesus gelernt haben und ob sie mit ihm verbunden bleiben.

15,5. ihr seid die Reben. Während V. 1-4 ihre Aussagen vom Weingärtner her entfalten, wird nun den Jüngern direkt zugesagt, dass sie Reben sind, die durch ihre Verbindung zu Jesus Frucht tragen.

15,6. Wenn jemand nicht in mir bleibt. Die Verbindung mit Jesus ist – wie auch in den anderen Ich-bin-Worten – der entscheidende Faktor. An der Stellung zu ihm entscheidet sich alles. Die Passivkonstruktion des Satzes ist eine Eigenart des hebräischen Denkens, das zur Vermeidung der Bezeichnung Gottes gern das sog. „Göttliche Passiv" wählt („wird abgeschnitten und weggeworfen").

15,7. könnt ihr bitten, um was ihr wollt: Eure Bitte wird erfüllt werden. Vgl. V. 16. Hier steht die Verheißung der Gebetserhörung im Zusammenhang mit der inneren Verbindung zu Jesus und seinen Worten (also dem von der Liebe getragenen Gehorsam).

15,8. wird die Herrlichkeit meines Vaters offenbart. Letztes Ziel ist nicht die Frucht, sondern die Ehre Gottes, die aus der Frucht erwächst. Vgl. auch Joh 13,35.

15,9. so habe ich euch geliebt. Die zweite Hälfte der Weinstockrede (V. 9-17) ist geprägt vom

Thema der Liebe (insgesamt neunmal, zusätzlich ist dreimal von „Freunden" die Rede). **Bleibt in meiner Liebe!** Die Liebe wird als das entscheidende Element der Verbindung zwischen dem Vater, Jesus und den Jüngern genannt. *Die Liebe ist die Kraft, die den Weinstock durchfließt und Frucht hervorbringt.*

15,10. Wenn ihr meine Gebote haltet. Bereits in 14,15.21 hatte Jesus den Zusammenhang von Gehorsam und Liebe ausgeführt. Seine Aussagen wirken angesichts eines heute weitgehend nur romantischen Verständnisses von Liebe für viele befremdlich. Im Glauben an Jesus gibt es aber weder (ängstlichen, sklavischen) Gehorsam ohne Liebe noch (eigensinnige) Liebe ohne Gehorsam. Auf der anderen Seite entzündet sich die Liebe Jesu zu seinem Jünger nicht erst an dessen Gehorsam, sondern geht ihm voraus. Wer aber fortgesetzt gegen das Gebot Jesu (V. 12; vgl. 13,34) handelt, beweist damit, dass er nicht aus der Liebe zu ihm lebt.

15,11. Freude. Wie *Frieden* (s. Joh 14,27) charakterisiert auch dieser Begriff die Summe all dessen, was Jesus seinen Nachfolgern geben will (Joh 16,20ff; 17,13; Lk 2,10; 19,6; Röm 15,13; 1 Petr 1,8) und was im AT als messianische Gabe verheißen ist (Jes 25,9; 35,10; 51,3; 55,12; 61,10; 66,10; Zef 3,14; Sach 9,9). Friede bringt Freude mit sich. Vgl. die Zusammengehörigkeit von Friede und Freude in Jes 55,12; Röm 14,17; Gal 5,22, und die *vollkommene* Freude in Joh 3,29; 1 Joh 1,4; 2 Joh 12. Dass die Freude Ziel der Aufforderung ist, seine Gebote zu halten (V. 10), macht deutlich, dass Jesus seine Jünger nicht ausnutzt, knechtet und überfordert.

15,12. wie ich euch geliebt habe. Vgl. Joh 13,15.34. Jesus macht seine hingabebereite Liebe (vgl. 10,11) zum Maßstab für die Liebe der Jünger untereinander. Es gilt nicht mehr „Wie du mir – so ich dir". Auch das alttestamentliche Gebot „Liebe deinen Nächsten wie dich selbst" wird weit übertroffen.

15,13. Niemand liebt seine Freunde mehr als der, der sein Leben für sie hergibt. Wörtl. *Größere Liebe hat niemand als die, dass er sein Leben für seine Freunde hergibt.* Genau das hat Jesus getan – für seine Nachfolger (Joh 10,15) wie für die ganze Welt. Seinem Vorbild der sich hingebenden Liebe sollen seine *Freunde* nacheifern (V. 12.17; 1 Joh 3,16.17).

15,14.15. Freunde. Die Beziehung der Jünger zu Jesus hat ihr Vorbild in der Gemeinschaft Jesu mit dem Vater. In Joh 5,19.20 sagt Jesus, der Vater habe ihm alles gezeigt, was er tun solle. In ähnlicher Weise hat Jesus nun den Jüngern alles offenbart, was er vom Vater gelernt hatte. Als besondere Vertraute Gottes werden im AT Mose (2 Mo 33,11) und Abraham (Jes 41,8) als „Freunde Gottes" bezeichnet. Die Unterscheidung zwischen **Diener** und Freunden betont ebenfalls den Aspekt der Liebe im Gehorsam. Nicht gezwungen oder ohne Einsicht folgen Freunde, sondern freiwillig aufgrund von Vertrauen und Verbundenheit und Einsicht in den Sinn ihres Gehorsams. An anderer Stelle kann Jesus von seinen Jüngern auch als Knechten oder Dienern sprechen (12,26), um andere Aspekte ihres Verhältnisses deutlich zu machen.

15,16. Nicht ihr habt mich erwählt. Üblicherweise schlossen sich Schüler (Jünger) einem Meister an, um von ihm die richtige Auslegung der Thora zu lernen. Jesus erinnert daran, dass umgekehrt er die Initiative ergriffen und seine Jünger aktiv aus ihrem alten Leben herausgerufen hat. Dieser Ruf ist mit einem Auftrag verbunden. Das Ziel dieser „Erwählung" ist nicht eine besonders privilegierte Stellung, sondern die Möglichkeit, ein fruchtbares Leben für Gott zu führen. Die Liebe nimmt dabei als Frucht einen besonderen Platz ein. **in meinem Namen.** Die Formulierung erinnert an den Status des Gesandten (vgl. Erklärung zu 14,7), der im Namen des ihn Sendenden auftritt, redet und handelt. Gebet im Namen Jesu meint demnach Gebet in seinem Auftrag, Interesse, Sinn, in Übereinstimmung mit ihm.

15,17. Einander zu lieben. Vgl. V. 12. Überlieferungen besagen, dass der Apostel Johannes als alter Mann vor allem die Bruderliebe betonte und stets wiederholte: „Kinder, liebt einander!" (vgl. 1 Joh 2,9-11; 3,11ff; 4,7ff.19ff; 2 Joh 5). Liebe ist *DER* Auftrag Jesu an seine Gemeinde.

Gordon D. Fee und
Douglas Stuart

Effektives Bibelstudium

Die Bibel verstehen und auslegen

384 Seiten, gebunden
ISBN 978-3-7655-0602-4

„Die Bibel – ein Buch mit sieben Siegeln? Dieses altbekannte Vorurteil wird auf jeder Seite dieses Buches widerlegt. Bibellesen wird spannend, wenn man die Texte richtig versteht und weiß, wie sie auszulegen und anzuwenden sind. Was hat der Text seinen ursprünglichen Lesern gesagt? Und was bedeutet er für uns heute? Um diese zwei Fragen zu beantworten, muss man wissen, was für einen Text man vor sich hat: Ein Gedicht ist kein historischer Bericht, und ein historischer Bericht ist kein für alle Zeiten verbindlicher Gesetzestext. Evangelien, Gleichnisse, Offenbarung – ‚Effektives Bibelstudium' stellt die verschiedenen Textgattungen der Bibel vor und zeigt anschaulich, wie sie zu verstehen sind. Das Buch, das man braucht, um die ‚sieben Siegel' der Bibel zu brechen – damit Bibellesen Freude bringt und nicht in die Irre führt."

Otto Ziegelmeier auf theology.de

N. T. Wright: Bibelkommentare *für heute*

Die Bibel, erklärt und ausgelegt von N.T. Wright. Intelligent, aber nicht hochgestochen. Eingängig, aber nicht zu simpel. Die einzelnen Bibelabschnitte werden verständlich vor dem Hintergrund dessen, was wir heute über Jesus und seine Zeit wissen. Und sie werden lebendig für das Leben mit Jesus heute.

N. T. Wright ist international einer der einflussreichsten Theologen der Gegenwart. Und er kann sich so klar ausdrücken, dass ihn jeder Leser verstehen kann. Inzwischen hat er alle 27 Bücher des Neuen Testaments kommentiert. Wer sich selbstständig mit der Bibel und ihrer praktischen Relevanz „für heute" befassen will, ist hier an der richtigen Adresse.

Prof. Dr. Armin Baum, Freie Theologische Hochschule Gießen

Weitere Informationen auf
www.brunnen-verlag.de

Tim Dowley

Brunnen Bibelatlas

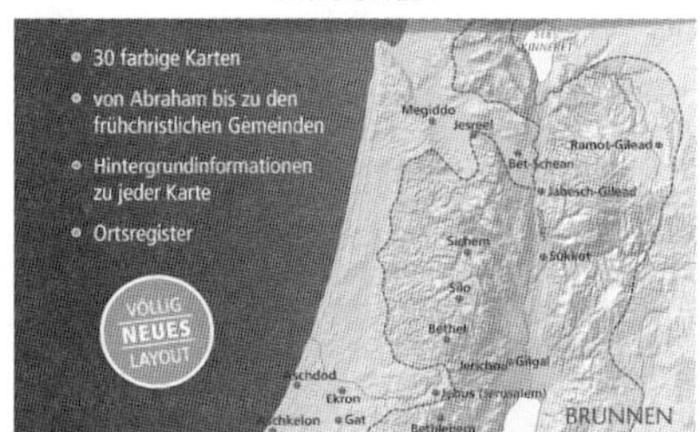

32 Seiten
ISBN 978-3-7655-6199-3

Auf 32 Seiten bieten detailgenaue Reliefkarten einen Überblick über die Geografie der Bibel: Ereignisse, Orte, Reiserouten, Grenzen von Ländern und Stammesgebieten sind in den Karten verzeichnet. Der kompakte „BRUNNEN Bibelatlas" – nun völlig überarbeitet und im neuen Design.

Brunnen Verlag GmbH
www.brunnen-verlag.de